Uwe Böschemeyer

MACHEN SIE SICH BITTE FREI

Uwe Böschemeyer

MACHEN SIE SICH BITTE FREI

Entdecken Sie Ihre Furchtlosigkeit

ecoWIN

Uwe Böschemeyer
Machen Sie sich bitte frei
Entdecken Sie Ihre Furchtlosigkeit

FSC
www.fsc.org
MIX
Papier aus verantwortungsvollen Quellen
FSC® C012536

Das für dieses Buch verwendete FSC-zertifizierte Papier
EOS lieferte Salzer, St. Pölten.

Lektorat: Dr. Arnold Klaffenböck
Gesamtherstellung: www.theiss.at
Gesetzt aus der Sabon
Printed in Austria
ISBN 978-3-7110-0023-1

2 3 4 5 6 7 8 / 14 13 12

www.ecowin.at

Inhaltsverzeichnis

Vorwort 9

1. Wach werden 15
2. Hoffnung zulassen 19
3. Was uns bindet 21
4. Persönliche Unfreiheiten? 25
5. Freiheit – was ist das? 29
6. Erste Fühlungnahme zur Freiheit 33
7. Frei werden durch Wahrhaftigkeit 37
8. Frei werden vom Sog der Vergangenheit 39
9. Ein Muss für die Freiheit: „Sei eigenverantwortlich!" 43
10. Verzicht aufs Schuldverschiebespiel 45
11. Der Gegenspieler der Freiheit 47
12. Ein Beispiel: Freiheit gewinnen trotz des Gegenspielers 57
13. Ich muss wissen, wer ich bin 61
14. Ein bescheidener erster Selbsterfahrungskurs 65
15. Ich bin viel mehr, als ich denke. Wie wir werden, was wir sein könnten 69
16. Den eigenen Weg gehen 85
17. Den eigenen Weg gehen – ein Beispiel 89
18. Unabhängig werden vom Urteil der anderen 95
19. Vergegenwärtigung starker Erinnerungen 97
20. Frei werden trotz Ungerechtigkeit 99

21. Freier werden gegenüber Menschen 103
22. Sich nicht zu wichtig nehmen 105
23. Herausforderungen annehmen 107
24. Widerstandskraft entwickeln 109
25. Offen bleiben für das, was kommt 113
26. Sich verändern können 117
27. Liebe macht frei 123
28. Frei werden von Lebensangst 127
29. Wenn der Druck die Freiheit verdrängt 129
30. Wenn der Beruf die Freiheit verdrängt 133
31. Wichtiger als Ihre Freiheit? 135
32. Vom Mitgefühl mit sich selbst 137
33. Sich Zeit nehmen 139
34. Ein bescheidener zweiter Selbsterfahrungskurs 143
35. Freier werden durch frei machende Gedanken 147
36. Begeisterung und Freiheit 149
37. Krisen können eine Gunst sein 153
38. Die Freiheit in der Krankheit 155
39. Ein „Ja!“ zum Leben 159
40. Über sich selbst lachen können 161
41. Sich einmal mutig zeigen 165
42. Freier werden durch Mutproben 167
43. Sich nicht immer „zusammennehmen“ 169
44. Man muss sich nicht überfordern 171
45. Die eigenen Grenzen respektieren 175
46. Ist der Egoist frei? 177
47. Wie man lernen kann, weniger egoistisch zu sein ... 181
48. In der Balance leben 185

49. Freiheit im Alter 189
50. Bedenken, dass Leben begrenzt ist 193
51. Fest an etwas glauben 197
52. In Gott die Freiheit finden 199
53. Wer ist freier als der Dankbare? 205

Von der Existenzanalytischen Logotherapie zur
Wertimaginativen Logotherapie 211
Literatur 221
Informationen 223

Vorwort

Ich habe eine Reihe von Büchern geschrieben und immer geahnt, dass ich irgendwann einmal „mein“ Buch schreiben würde, also das, was unmittelbar mit mir und meinem Leben zu tun hat. Was mich herausfordert wie kein anderes. Was mich weiterbringt wie kein anderes. Was unmittelbar zu mir gehört. Ein Buch über Freiheit. Nein, kein philosophisches, denn die Philosophen haben darüber bereits ausreichend viel Kluges geschrieben. Sondern darüber, wie wir, die anderen und ich selbst frei, immer freier werden könnten. Also weniger bedrückt sein müssten, weniger eingeengt, gehemmt, verklemmt – mehr gelöst, gelassen, entspannt, eben freier.

Freier werden – das bedeutet für mich: So mancher Druck fällt von mir ab. Mein Atem geht tiefer. Ich stehe aufrecht da und bin ganz bei mir. Meine Stimme klingt warm. Ich lächle, ohne es zu bemerken. Ich bin gesammelt. Ich fühle mich wohl. Ich fühle mich mit mir eins. Ich weiß zwar nicht warum und doch: Freude steigt in mir auf. Ich sehe jemanden an und bin freundlich zu ihm, ohne mich angestrengt zu fühlen. Zwar sehe ich, dass er nicht gut auf mich zu sprechen ist, ich lasse mich jedoch von seiner Stimmung nicht beeinflussen.

„Machen Sie sich bitte frei!“ Als Dr. Hannes Steiner, mein Verleger, mir diesen kühnen Titel für mein neues Buch vorschlug, war ich einen Augenblick irritiert. Mir kamen Szenen einer Arztpraxis in den Sinn und ich dachte: Wer folgt schon gern der Aufforderung eines Arztes, um sich vor ihm auszuziehen? Ob dieser Titel Leser motivieren würde, das Buch zu kaufen? Dann aber schoss mir durch den Kopf: *Wer würde sich denn nicht gern frei machen – frei für sich, für andere, für das Leben?* Und lag nicht in der Formulierung „Machen Sie sich bitte frei“ die Aufforderung, *selbst* für die Befreiung zu sorgen, also sich nicht von einem anderen behandeln zu lassen?

Zu meinen anfänglichen Irritationen gesellten sich weitere Sorgen. Gab es nicht tausend Ratgeber, die alle mehr oder weniger tiefsinnige Richtlinien für ein gelingendes Leben empfahlen? Vor allem aber: Könnte ich tatsächlich mit gutem Gewissen sagen, es sei möglich, freier zu werden? Hatten nicht klügere Köpfe als ich jahrhundertelang bis in die Gegenwart darum gestritten, ob der Mensch *freier* werden könne, geschweige denn *frei*? Zeigte nicht die *Erfahrung*, dass wir nicht wirklich freier werden können, weil die Gesetzmäßigkeiten der Welt den Freiraum des Einzelnen immer mehr einengen?

Mit Überlegungen dieser Art hörte ich auf, als ich bemerkte, dass von ihnen ein negativer Sog ausging, der mir die gewonnene Lust auf das neue Buch zu rauben begann. Und mir ging auf: Wer sich auf Erfahrungen beruft, beruft sich auf altes, nicht auf neues Leben. Doch um genau dieses, um neues Leben sollte es in diesem Buch ja gehen.

Ich bekenne Ihnen, dass mich dieses Buch herausgefordert hat wie keines von denen, die ich bisher geschrieben habe. Warum? Weil es auch um *meine* Freiheit ging, um meine Widerstände gegen sie und die Hoffnungen auf sie. Heute kann ich sagen: Selbst dann, wenn dieses Buch nicht veröffentlicht worden wäre, hätte ich von der Auseinandersetzung mit diesem Thema großen Gewinn gehabt.

Erlauben Sie mir noch einige Bemerkungen:

Erstens: Hintergrund dieses Buches sind sowohl persönliche als auch allgemeine Erfahrungen aus über 40-jähriger Arbeit mit Menschen. Im Besonderen denke ich an die von mir entwickelten Wertimaginationen, die ich Ihnen, weil sie Ihnen wohl nicht bekannt sind, kurz vorstellen möchte (mehr darüber erfahren Sie in diesem Buch im Abschnitt 11 und im Anhang):

Wertimaginationen sind bewusste, zielorientierte „Wanderungen“ zum „geistig Unbewussten“. Viktor E. Frankl, der große

Wiener Psychiater und Neurologe, sprach als Erster davon. Unbewusster Geist meint das jedem Menschen potenziell zugängliche *Wissen* von den großen und kleinen Zusammenhängen des eigenen und des großen Lebens. Darüber hinaus stellt er das stärkste *Energiezentrum* dar, zu dem wir Zugang haben können. Unbewusster Geist – das ist der Bereich des Unbewussten, in dem die spezifisch menschlichen Werte und Eigenschaften ihre Wurzeln haben: Freiheit, Verantwortlichkeit, Liebe, Hoffnung, Mut, Intuition, Gewissen, Spiritualität, das Ästhetische, das Künstlerische etc. Diese Werte und Eigenschaften aber – und das ist das Entscheidende! – gehören genuin zur geistigen Ausstattung des Menschen. Sie können verleugnet, verdrängt oder verkapselt sein – verloren gehen sie nicht. Sie warten darauf, ausgelebt zu werden. Deshalb „hören" Imaginanden auf ihren Wanderungen in der Tiefe manchmal diesen Satz: „Endlich bist du da – wir haben schon lange auf dich gewartet."

In dem Maße nun, in dem ein Mensch Zugang zum unbewussten Geist findet, findet er die ihm entsprechenden Werte, findet er sich selbst, findet er Sinn, findet er *Freiheit*, findet er auch die Kraft, sie zu leben. Unbewusster Geist – das ist nicht nur die Basis des bewussten Geistes – das ist die Basis menschlichen Daseins überhaupt. Er ist die *„Mitte" der Seele*.[1] Also das Zentrum menschlicher Existenz.

Nachdem ich Menschen unterschiedlichster Art einzeln und in Gruppen auf vielen tausend „Wanderungen" ins Unbewusste begleitet habe, kann ich sagen: Das, was Menschen dabei erleben, sind *reale Möglichkeiten*, die unseren Denk-, Fühl- und Handlungsbereich erheblich ausweiten können. Sie erfahren Wirklichkeiten, die den Schluss zulassen, dass wir viel reicher sind, als wir zu denken wagen. Selbstverständlich ändert sich ein Leben nicht

---

1 Ausführlich dargestellt finden Sie die Wertimagination in meinem Buch: Unsere Tiefe ist hell. Wertimagination – ein Schlüssel zur inneren Welt, München 2008, 2. Aufl.

durch *eine* Imagination, wohl aber durch eine Reihe solcher Erfahrungen.

Gern würde ich Ihnen wenigstens eine Wertimagination vorstellen. Sie fand in einer Gruppe statt und zeigt, welche Kräfte in unserem Inneren auf uns warten. Lassen Sie sich nicht von den seltsam anmutenden Bildern irritieren. Es geht ja – wie im Traum – um *Symbole*! Und die verdecken bekanntlich *zunächst* die wahren Inhalte.

Ziel der Wertimagination war, sich von einer inneren Wertgestalt, dem *Geistvollen*, die *Macht* des Geistes zeigen zu lassen. (Wertgestalten sind Personifizierungen spezifisch menschlicher Werte.) Bis auf eine Ausnahme konnten alle Teilnehmer Vergleichbares wie jene Teilnehmerin berichten, die das Folgende erlebte:

Noch bevor das erste Bild vor meinem inneren Auge erscheint, bekomme ich intensives Herzklopfen. Ich bin aufgeregt und in Erwartung von etwas ganz Großem.
Zunächst sehe ich Felsgestein, über das glasklares Wasser fließt. In besonderer Klarheit sehe auch ich dieses Bild. Für mich ist dies zum einen das Sinnbild für Festigkeit und Ewigkeit, zum anderen für ewiges Fließen des Lebens. Es gibt mir Gewissheit, zugleich ist es die Aufforderung, mich dem fließenden Wandel des Lebens hinzugeben.
Als Nächstes spüre ich die helle, wärmende Sonne auf meinen Kopf scheinen. Der Geistvolle steht hinter mir, ergreift meine Hände, und wir öffnen unsere Arme ganz weit. Das bewirkt ein Gefühl von Unendlichkeit, aber auch Heiterkeit, so als ob wir ein Menuett tanzen wollten. Ich habe das Bedürfnis, mich umzudrehen. Aber das ist noch nicht dran.
Zuerst soll ich mich auf die Sonne konzentrieren. Ich spüre, wie ihre Energie Stufe für Stufe in mich einsinkt, so als ob sie Chakra für Chakra in Besitz nähme. Ich werde immer freier und bin energiegeladen. Ich empfange und strahle die Energie wieder ab. Ganz aufgerichtet stehe ich da.

Dann spüre ich plötzlich eine „Explosion" in meinem Kopf. Unendlich viele bunt schillernde Steine schweben um ihn herum, die in mir das Gefühl von Reichtum und die Vielfalt auslösen. Anschließend bringt der Geistvolle alles in mir in eine Balance – alle Gliedmaßen, alle Organe, meine Hirnhälften. Ich fühle ganz stark: Der Geist ist die Mitte in mir. Und während sich in mir ein Gefühl von großer Klarheit, Ausgerichtetsein, Unabhängigkeit und Entscheidungsfähigkeit ausbreitet, läuft mir eine Gänsehaut über den Körper.
Jetzt darf ich mich umdrehen.
Der Geistvolle hat einen langen weißen Bart und ein langes weißes Gewand. Spontan wird mir deutlich, dass der Geist, bevor er sich mit dem Körper verbindet, die uneingeschränkte Güte ist, zu der man sich ausrichten und sich emporrecken muss. Der Geist steht über allem und währt ewig.
Der Geistvolle küsst meine Stirn, und ich gehe vor ihm auf die Knie. Da merke ich, dass das nicht richtig ist. Es ist der Moment, sich emporzurecken! Und in meinem Kopf spricht es: „Der Geist liegt im Vertrauen. Der Geist liegt im Vertrauen. Der Geist …"
Der Geistvolle lächelt.
Nun drehe ich mich um zur Welt, gehe in die Welt hinein und kann nicht anders, als diesen Satz wie ein unendliches Mantra zu sprechen. Der Geistvolle umgibt mich wie ein weißer Dunst und begleitet mich überall hin.

Zweitens: Ich habe keinen Wert darauf gelegt, alle Situationen durchzuspielen, in denen Freiheit gefragt ist. Ich habe in Freiheit auf meinen mich immer wieder störenden (naiven) Anspruch auf Vollkommenheit verzichtet. Wert gelegt habe ich vor allem auf eine *existenzielle* Auseinandersetzung mit diesem Thema.

Drittens: Erlaubt habe ich mir auch, Ihnen manches Persönliche zu schreiben, weil ich glaube, dass bestimmte Gedankengänge nur verständlich werden, wenn hinter ihnen der Mensch selbst (ein wenig) sichtbar wird.

Viertens: Auf vielen Seiten ist von „er“ und „ihm“ die Rede. Selbstverständlich meine ich damit den Menschen, die Frau und den Mann.

Schließlich bleibt mir die Freude, zwei Menschen zu danken: Dr. Hannes Steiner, meinem Verleger, der mich ermutigt hat, so frei zu schreiben, wie Sie es auf den folgenden Seiten erfahren werden. Und vor allem meiner Frau Christiane, die während der Arbeit am Buch durch ihr Wesen und ihre Worte meine Überzeugung verstärkt hat, dass Leben möglich ist, so oder so, dass jedoch im Besonderen das Zusammenspiel von Freiheit und Liebe die Grundlage für ein starkes Leben darstellt.

Lüneburg, im März 2012

1. Wach werden

Kleines Beispiel

Auch ungelebtes Leben
geht zu Ende
zwar vielleicht langsamer
wie eine Batterie
in einer Taschenlampe
die keiner benutzt

Aber das hilft nicht viel:
Wenn man
(sagen wir einmal)
diese Taschenlampe
nach so- und sovielen Jahren
anknipsen will
kommt kein Atemzug Licht mehr heraus
und wenn du sie aufmachst
findest du nur deine Knochen
und falls du Pech hast
auch diese
schon ganz zerfressen

Da hättest du
genau so gut
leuchten können[2]

---

2 Erich Fried, Kleines Beispiel, aus: Das Nahe suchen © Verlag Klaus Wagenbach, Berlin 1982

Ich mag dieses Gedicht von Erich Fried. Es rüttelt mich auf. Es macht mich wach. Es macht mich auch zornig, wenn ich an den und jenen und den anderen denke, der sein Leben zu verschlafen scheint. Der ganz offensichtlich kaum Gespür für die unwiderlegbare Tatsache hat, dass unser Dasein begrenzt ist. Der nicht aufhört, sich ausschließlich mit der „Seele dunkle Pfade" (Sigmund Freud) zu befassen. Der die Verantwortung für sein Leben hier und heute an andere delegiert. Der noch immer nicht begriffen hat, dass es sich nicht lohnt, Sündenböcke für eigenes Versagen zu suchen. Der in das Leben beißt, statt es zu küssen. Der nicht kapiert, dass es immer etwas zu hoffen gibt. Der nicht Ausschau hält nach Gründen für Hoffnung. Der dem schlimmsten Feind des Menschen, der Resignation, Tür und Tor öffnet. Der mit klugen „Erwägungen" und sonorer Stimme sich und anderen zu erklären versucht, dass die Erde nun mal nicht das Paradies ist. Der es nicht sein lassen kann, seiner Mitwelt mit seinem tragischen Gebaren die gute Laune zu verderben. Der an jedem herumzweifelt, der sich des Lebens freut. Der, wenn es ihm relativ gut geht, bald wieder seine Fühler nach den nächsten Schwächeperioden ausstreckt. Der begierig jede Nachricht aufnimmt, die seine trübe Selbst- und Weltsicht zu bestätigen scheint. Der zwanghaft das Vollkommene von sich und anderen einfordert und dabei übersieht, dass Vollkommenheit nicht zu dieser Erde passt. Der sich nicht wirklich freut und sich nicht wirklich aufregt. Der nicht wirklich liebt und nicht wirklich leidet. Der nicht wirklich schläft und auch nicht wirklich wach ist. Der nicht begreift, dass dieses Leben mit den paar Jahrzehnten ein riesiges Geschenk ist. Deshalb erlaube ich mir, ein zweites Gedicht von Erich Fried hinzuzufügen, das in großer Klarheit die Gefährdung und Möglichkeit von Freiheit und Verantwortlichkeit widerspiegelt:

Letzter guter Rat

Hinter der Hecke sitzen sie
Leben und Tod
Beide rufen mich
beide wollen mir raten

Hinter der Hecke
höre ich ihre Stimmen
Durch die Hecke darf ich nicht durch
darf sie nicht sehen

„Hör auf dein Unglück zu lieben
und liebe dein Glück!
Noch heut! Du hast nicht mehr viel Zeit!“
ruft die eine Stimme

Die andere sagt:
„Behalte lieb was du liebhast
Auch sein Unglück lieben kann Glück sein
und die Liebe wechseln bringt Unglück“

Dann sagen sie beide: „Geh!“
und ich gehe und weiß
eine davon ist mein Tod
und eine mein Leben[3]

---

3 Erich Fried, Letzter guter Rat, aus: Lebensschatten © Verlag Klaus Wagenbach, Berlin 1983

2. Hoffnung zulassen

Darf ich so reden? Ist das nicht Schwärmerei oder gar Hochmut? Zeigt nicht die Erfahrung, dass ein gutes, beglückendes Leben nur wenigen beschieden ist? Und stimmt es überhaupt, dass nur wir selbst für den Verlauf unseres Lebens verantwortlich sind? Gibt es nicht in der Tat Widerstände, die wir nicht uns selbst zuzuschreiben haben? Die Kündigung, die Erkrankung, der unangenehme Nachbar, der Verrat des Freundes oder auch die Finanzkrise mit ihren Folgen, der nicht enden wollende Regen und seine Auswirkungen auf das Gemüt und so weiter?

Und dann: Gibt es nicht Charaktere, die es leichter haben als andere, weil sie bereits mit einem heiteren Naturell auf diesem Planeten erscheinen durften? Und andere, die bereits von Geburt an zum Schwächeln oder zu düsterer Weltsicht neigen? Zeigt nicht die ganze Weltgeschichte, dass das Leben zutiefst ambivalent ist, also zwei Seiten und ganz oft die dunkle das Sagen hat?

Zugegeben, all das und vieles andere mehr sind ernst zu nehmende Argumente gegen meinen herausfordernden Auftritt im letzten Abschnitt. Die Frage ist nur, welche Perspektive *Sie selbst* für Ihr Leben haben. Denn um *Sie* geht es mir in diesem Buch, liebe Leserin, lieber Leser, nicht um die Weltgeschichte. Und wenn ich auf den *einzelnen* Menschen sehe, geht es mir angesichts der ernst zu nehmenden Argumente richtig gut. Denn dann kann ich aus meiner Erfahrung als Psychotherapeut, Mentor für Persönlichkeitsbildung und Mensch sprechen, der hinreichend viele dunkle Stunden kennt. Und was sagt sie mir, die eigene Erfahrung?

Dass es selbstverständlich viel Schweres gibt für den und jenen, den anderen und auch für mich. Was, zum Beispiel? Die nicht gerade fröhliche Veranlagung, die nicht besonnte Kindheit, die keineswegs heiter stimmende Umgebung in der Jugendzeit, die große Enttäuschung in der Liebe usw. Und doch, und doch, und doch!

Da gibt es etwas in uns, das weder mit Veranlagung noch mit Familie oder mit anderen Menschen zu tun hat, das wir nicht messen oder beweisen können, das in dieser Zeit, wie mir scheint, zu den fast vergessenen Möglichkeiten gehört. Etwas, das in jedem von uns vorhanden ist und vorhanden *bleibt*. Etwas, das Königscharakter hat. Etwas, das wir, wenn wir es entdeckten, bejubeln würden: die Freiheit.

Doch bevor wir uns darüber verständigen, was Freiheit ist, sollten wir uns zunächst danach erkundigen, was Unfreiheit ist.

3. Was uns bindet

In wie vielen Träumen kommt das vor: Da möchte ein Träumer loslaufen, aber er kommt nicht von der Stelle. Ihn überfällt die Angst, er könnte vor lauter Angst vergehen. Dann fliegt er über Berge und Meere, über Länder und Kontinente – und ist unsagbar glücklich und frei. In diesen und vielen anderen Bildern spiegelt unsere Seele die Grundgefühle der Wirklichkeit wider, in der wir leben. Gebundenheit einerseits, Freiheit andererseits.

Mit Gebundenheit meine ich nicht das *freiwillige* Gebundensein: das Gebundensein an eine Tradition, eine Idee, eine Weltanschauung, eine bestimmte Familie oder an einen bestimmten Menschen, sondern das *Angebundensein* an etwas, das wir nicht frei gewählt und keineswegs gewollt haben:

Woran ich denke?

Zum Beispiel an die *Gene*, die unseren Körper geprägt haben. An die zahllosen Menschen, die unter bestimmten körperlichen Merkmalen leiden: die sich zu groß, zu klein, zu hell, zu dunkel finden, die eine zu lange, eine zu kurze Nase, zu fleischige, zu dünne Finger haben, denen eine bestimmte Organstörung zu schaffen macht oder eine insgesamt schwächliche Konstitution aufweisen.

Ich denke an Menschen, die seelisch oder körperlich durch *Schwangerschaft* oder *Geburt* geschädigt wurden.

Ich denke an den genetisch bedingten *Typus*, der unsere Seele in bestimmter Weise denken, fühlen, empfinden und handeln lässt – zunächst jedenfalls. Der eine zum Beispiel leidet an seiner aufbrausenden Aggressivität, der andere an seinem Narzissmus, der nächste an seiner Melancholie, der übernächste an seiner Ängstlichkeit, ein weiterer an seinem Mangel an Beziehung zum Leben, wieder ein anderer an seiner Maßlosigkeit usw.

Ich denke an die *Erziehung*, die bekanntlich einen erheblichen Ein-Fluss nicht nur auf unser Wohl, sondern auch auf unser Wehe nimmt, an ein *ungeliebtes Milieu*, in dem jemand aufgewachsen ist.

Ich denke an das *vergangene Leben*: an frühere Verletzungen und Kränkungen, an einen früh geborenen Hass, an eine verlorene Liebe, der die Seele noch immer nachtrauert.

Ich denke an den Einfluss von *Krankheiten, Traumatisierungen, Tragödien* wie zum Beispiel Scheidungen, den Tod geliebter Menschen, an Verrat und Verlust jedweder Art und nicht zuletzt an ein unumkehrbares Schicksal wie etwa eine Querschnittslähmung.

Ich denke an *Entscheidungen*, zum Beispiel für einen Beruf, für eine bestimmte Partnerschaft, an Entscheidungen, die das Leben beschweren.

Ich denke auch an die *Zeit*, in die wir hineingeboren wurden und aus der sich viele heraussehnen.

Viele Formen von Gebundenheit, die wir nicht wollen, beeinflussen uns, zunächst jedenfalls. Doch was uns zunächst bindet, muss keineswegs auf Dauer unser Lebensgefühl bestimmen, muss kein Sinn verweigerndes Schicksal sein oder bleiben.

Warum nicht? *Weil Gebundenheit geradezu die Bedingung für die Entwicklung von Freiheit ist.* Zwar bleibt das Spannungsfeld zwischen Gebundenheit und Freiheit bestehen, solange wir leben. Doch ob wir mehr gebunden oder mehr frei sind, macht die Größe oder das Elend unseres Lebens aus.

So gern wir es hätten – ganz frei werden wir nie sein, aber wir könnten freier, immer freier werden *von* dem, was uns belastet, und freier *für* das, wozu wir in unserer je eigenen Persönlichkeit berufen sind. Wodurch?

Durch unseren Geist! Denn er ist stark genug, sich von den leidvollen Prägungen und Einflüssen entweder distanzieren oder sie verwandeln zu können. Und was ist Geist? Vor allem Freiheit.

Doch bevor wir uns darüber verständigen, was Freiheit ist, lassen Sie uns eingestehen – bitte jetzt die Hand aufs Herz legen! –, worin Sie und ich *konkret* unfrei sind. Denn es ist leicht – das zeigte der letzte Abschnitt –, sich im Allgemeinen zu vergegenwärtigen, was uns bindet. Schwieriger ist, das beim Namen zu nennen, was uns tatsächlich unfrei sein lässt.

4. Persönliche Unfreiheiten?

Jede *konkrete* Vergegenwärtigung persönlicher Probleme und Schwierigkeiten zeigt uns, was zu tun ist, um davon frei werden zu können. Die eigenen Unfreiheiten sich einzugestehen ist zunächst nicht leicht. Das weiß ich aus eigener Erfahrung. Wie lange hat es gedauert, ehe ich die Notwendigkeit der Begegnung mit mir selbst begriff und schließlich bereit war, mich nicht nur nach den Elfen, sondern auch nach den Wölfen in meiner Seele zu erkundigen! Doch dann erfuhr ich, was ich inzwischen auch von vielen anderen erfahren habe, dass bereits das *Zulassen subjektiv empfundener Wahrheiten* ein Mehr an Freiheit bedeutet.

Und noch etwas: Als ich mein Studium beendet hatte, hätte ich vermutlich frei bekannt, dass ich mich gut kenne. Nun aber – nach weiteren Jahrzehnten – weiß ich, dass Selbsterfahrung ein Prozess ist, der lebenslang weitergehen muss, wenn wir uns denn so ernst nehmen wollen, wie es sich gehört. Denn jede neue Erkenntnis bedeutet weit mehr als eine Zunahme von Wissen um uns selbst – sie führt immer auch zu stärkerem Empfinden, Fühlen und Handeln. Was kommt am Ende dabei heraus? Ein Mehr an Identitätserfahrung, also ein Mehr an Freiheit, an Selbstvertrauen, an Lebensbejahung.

Kann ich nach dieser kleinen Einführung davon ausgehen, dass Sie sich auf die eine oder andere Frage einlassen? Einlassen, das heißt: sie zu bedenken, über sie nach-zudenken, sie zu „meditieren“, sie wirken zu lassen. Also:

- Ist mir bewusst, wie unsicher, gehemmt und ängstlich ich mich durch die Tage gehen lasse?
- Auf welche und wie viele Dinge lasse ich mich ein, die ich gar nicht will?

- Kann es sein, dass mein Hunger nach einem starken, lebendigen Leben stärker sein könnte?
- Welche Lebensträume, die durchaus nicht utopisch waren, habe ich schon aufgegeben? Zum Beispiel:
  - das heimlich geliebte Instrument zu erlernen,
  - den Kauf eines bestimmten gewagten Kleides,
  - die eine große Reise,
  - die Begegnung mit dem einen Menschen …
- Kann ich die Ahnung zulassen, dass mich zu einem großen Teil meine kleinliche Angst so jämmerlich unfrei sein lässt? Kleinliche Angst? Damit meine ich die Angst vor der Anwesenheit, der Beobachtung und dem Urteil anderer Menschen.
- Halte ich stets und ständig meinen Verstand in Schranken, jenen Verstand, der so wenig davon weiß, wonach die Seele dürstet? Wer nur vernünftig ist, ist primär darauf bedacht, sich abzusichern, ist allzu rasch bereit, sich mit der äußeren Realität abzufinden und übersieht deshalb die Kräfte der inneren Wirklichkeit. Deshalb sagt der Prediger Salomo den mich immer wieder begeisternden Satz: „Am allervernünftigsten ist es, nicht allzu vernünftig zu sein" (7,16).
- Wie sähe die Bilanz meines Lebens aus, wenn ich heute sterben müsste? Hätte ich genug gesucht? Hätte ich genug gewagt? Hätte ich genug geliebt? Hätte ich genug gelebt?

Darum wird es gehen, sich gegen die eigenen Unfreiheiten aufzulehnen und zu empören (empor!), damit wir nicht zu denen gehören, von denen Jonathan Swift gesagt hat: „Genau genommen, leben sehr wenige Menschen in der Gegenwart; die meisten bereiten sich vor, demnächst zu leben." Und mit Franz Josef Degenhardt lauthals zu singen: „Morgen, da komme ich ganz groß raus …"

Wer nicht danach fragt, worin er unfrei ist, setzt sich nicht in Bewegung. Wer sich nicht bewegt, spürt seine Ketten nicht. Wer nicht seine Ketten spürt, wird sich nicht von ihnen befreien. An diese Menschen hat Birgit Berg wahrscheinlich gedacht, als sie den tiefsinnigen Satz sagte: „Mit den normalen Neurotikern wird die Psychotherapie heute fertig. Die Probleme sind die unheilbar Gesunden."

Nun also: Was ist Freiheit?

5. Freiheit – was ist das?

Darf ich Sie bitten, die Augen zu schließen und sich die Erinnerung an eine Situation wiederkommen zu lassen, in der Sie sich frei, so richtig frei fühlten? Etwa, als Sie als Kind in einem Theaterstück ein Lied vor vielen Eltern sangen. Oder: Als Sie Ihrem strengen Lehrer gegenüberstanden und keine weichen Knie bekamen. Oder: Als Sie später einen Konflikt mit Ihrem Mann/Ihrer Frau hatten und sich mit ruhiger Sicherheit durchsetzen konnten. Oder: Als ein Schicksalsschlag Sie traf und Sie sich trotz allem den Blick für Ihre Mitmenschen bewahrten. Oder ganz einfach: Als Sie am Meer im warmen Sand lagen und die Strapazen der letzten Wochen weit von sich schieben konnten. Was ist Freiheit?

Mehr als ein Wort. Sie ist etwas Prickelndes, Hellmachendes, Heilmachendes, Erfreuendes, Weitendes, Kraftvolles, Stärkendes, Gefühlvolles, etwas besonders Menschliches. Freiheit ist die in *jedem* Menschen vorhandene *Möglichkeit*, sich innerhalb gewisser Grenzen frei verhalten zu können.

Freiheit ist – wie zum Beispiel auch die Liebe, die Verantwortung, der Glaube, die Hoffnung, der Mut, die Lebensbejahung – ein Existenzial, das originär jedem Menschen zu eigen ist. Existenziale gehören konstitutiv zum Bereich der inneren Wirklichkeiten. Sie sind *geistige* Gefühlskräfte, geistige Werte und Eigenschaften, die nicht erworben werden, sondern „Teile" unserer inneren *Ausstattung sind.* Wir können sie vernachlässigen, verleugnen, verdrängen. Wir können sie übersehen, missachten und aufhören, sie zu suchen. Sie können verdrängt und verkapselt sein und tief im Unbewussten lagern. Und nicht zuletzt kann auch die Mitwelt die Entwicklung und das Ausleben dieser spezifisch menschlichen Eigenschaften und Werte erschweren. Doch die

Möglichkeit, sie zu finden, sie wiederzufinden, sie zu entdecken, sie zu leben – ich sage es noch einmal –, bleibt in uns, solange wir leben.

Freiheit ist kein Trieb. Sie stellt sich nicht von selbst ein. Ich muss sie schon suchen und ergreifen, mich für sie öffnen, wenn sie sich mir anbietet. Vor allem aber: Freiheit braucht etwas, worauf sie sich ausrichten kann, etwas Wertvolles, wenn sie sich als Freiheit erweisen soll.

Freiheit, das heißt auch und im Besonderen: vor Problemen, die sich mir in den Weg stellen, nicht zu kapitulieren, sondern alles daran zu setzen, um sie zu verändern, zu überwinden oder zu lösen. Freiheit, das ist die Kraft, die mir erlaubt, nicht alle, aber manche Grenzen, die meinen Lebensraum einengen, auszuweiten. Sie ist die Kraft, die mich in die Lage versetzt, dann, wenn ich Probleme und Grenzen selbst nicht ändern kann, immerhin meine *Einstellung* zu ihnen so zu verändern, dass ich mit ihnen leben, vielleicht sogar gut leben kann. Und das bedeutet letztlich: Freiheit, das ist die Erfahrung von Freude am Leben.

Nein, nicht die Gene, nicht die Erziehung, nicht die sozialen Umstände und auch nicht die Zeit, in der wir leben, sind primär für die Lebensqualität bestimmend, sondern dies: ob ich von der Freiheit, der neben der Liebe wichtigsten Eigenschaft, Gebrauch mache oder nicht.

Was also ist Freiheit? *Das Zentrum kraftvollen Erkennens und Handelns.* Sie schafft den Raum, den wir brauchen, um uns so entfalten zu können, wie es uns *persönlich* und unserer *Verantwortung* entspricht. Denn das ist so: Freiheit ohne Verantwortung, also Freiheit ohne Antwort auf die Fragen, die mir „das Leben" stellt, gleicht einem Boot, das auf seiner Fahrt durchs Leben von Wind und Wellen hin und her geschleudert wird.

Was wäre das für ein Mensch, der sich für Freiheit begeistern und sie sogar leben würde? (Ich stelle mir und anderen gern eine solche Frage oder ähnliche Fragen, weil die Antworten *reale Möglichkeiten* aufscheinen lassen.)

Er hätte weniger Angst.
Er wäre weniger gehemmt.
Er wäre viel heiterer.
Er würde sich weniger Sorgen machen.
Er würde vieles wagen.
Er fände den Mut, zu tun, wonach ihm der Sinn steht.
Er würde neue Wege gehen und also viel erfahren.
Er wäre großzügig. Er wäre kein muffiger Bürger.
Er könnte verzeihen, sich und anderen.
Er könnte lieben, denn die Freiheit ist die Mutter der Liebe.
Er würde manchmal scheitern – und wieder aufstehen, wohl wissend, dass zur Freiheit auch das Scheitern gehört.
Er würde sich selbst und seinen Schwierigkeiten und Problemen nicht ausweichen und sie deshalb als zum Leben gehörend verstehen.
Er würde von manchen Schwärmer genannt und deshalb vielleicht verletzt werden, aber er würde um keinen Preis der Welt auf Freiheit verzichten.
Er würde das Leben lieben und danach fragen, wer den wundervollen Einfall hatte, dieses spannende Leben zu schaffen.
Er hätte mehr Freude am Leben.

Freiheit wird jedoch nicht geschenkt, sie muss gewonnen werden. Und wir gewinnen sie, wenn wir nach den Zugängen zu Freiheit *suchen* und so bald wie möglich *aufsuchen*. Die aber lassen sich nur finden, wenn wir begreifen, dass Freiheit – darf ich mich wiederholen? – weit mehr ist als ein spannendes philosophisches Thema, sondern neben der Liebe das Wichtigste im Leben überhaupt, die stärkste Gestaltungskraft.

Und wie begreifen wir das? Ein Bild kann verdeutlichen, worum es geht und warum wir nicht nur die Freiheit, sondern auch die anderen von mir gepriesenen spezifisch menschlichen Werte so wenig leben lassen:

Sie sehen aus einer Entfernung von drei Kilometern ein Schloss. Sie kennen sogar seinen Namen. Sollten Sie später Ihrem Freund sagen, Sie hätten das Schloss X gesehen, so haben Sie ihm die Wahrheit gesagt. Sie haben in der Tat das Schloss gesehen! Aber bewegt, berührt oder gar begeistert hat es Sie nicht. Dazu war die Distanz zwischen Ihnen und dem Schloss zu groß.
Sollten Sie am nächsten Tag das Schloss noch einmal sehen, nun aber aus unmittelbarer Nähe – Sie stehen im Park, betreten die Freitreppe, stehen vor der gewaltigen Flügeltür etc. –, werden Sie aller Voraussicht nach eine unmittelbare Beziehung zu dem großartigen Gebäude entwickeln. Sie werden von seiner Ausstrahlung gefangen genommen. Es hinterlässt in Ihnen einen tiefen Ein-Druck. Sie werden es nicht so rasch vergessen.

Ähnliches erleben wir Tag um Tag. Tag um Tag ahnen wir, was wir *sein* und *tun* könnten, ahnen wir, dass in unserer Tiefe die Liebe, der Mut, der Glaube, die Hoffnung, die Heiterkeit und vor allem die Freiheit darauf warten, dass wir uns ihnen nähern, damit wir sie aus nächster Nähe „sehen", erkennen und zum Leben befreien.

Das heißt nichts Geringeres als dieses: dass wir in unserer „Tiefe", also im Bereich des unbewussten Geistes, einen großen inneren Reichtum finden könnten, doch in erstaunlicher Blindheit marschieren wir darüber hinweg – auf der Suche nach „Werten", die im Vergleich mit den Juwelen der Tiefe nur ein Schatten sind. Viele tausend Wertimaginationen haben das inzwischen bestätigt! Darum wäre es sogar ein Akt der Vernunft, die Freiheit zu einem der Hauptziele unseres Nachdenkens, Meditierens, Imaginierens, vor allem aber unseres Handelns zu machen. Ein ganzes Jahrhundert lang haben wir darüber geredet, was uns unfrei, bedingt und abhängig macht! Es wird Zeit, sich *auch* dem Unbedingten, also der Freiheit zuzuwenden.

6. Erste Fühlungnahme zur Freiheit

Wie gelangt man zu einem freieren Umgang mit sich selbst? Um angesichts der Vielfalt der zu behandelnden Aspekte einen vorläufigen Überblick zu gewinnen, stelle ich Ihnen zunächst zehn Zugänge zur Freiheit vor. Ich werde sie auf den folgenden Seiten nicht in dieser Reihenfolge darstellen, die Themen ziehen sich jedoch wie ein roter Faden durch das Buch hindurch. Also: Freier wird,

1. wer sich vergegenwärtigt, wie der derzeitige „Stand" seiner persönlichen Freiheit aussieht. Frage: Ist das, wie Sie jetzt tatsächlich leben, das, was Sie tatsächlich leben wollen?

2. wer die *Sehnsucht* nach Freiheit zulässt. Frage: Beschäftigen Sie sich mit dem, wonach Sie Verlangen haben, so intensiv, dass die Realisierung keine Illusion mehr ist?

3. wer sich von den alten Verletzungen so weit wie möglich verabschiedet hat. Frage: Kann es sein, dass Ihnen der alte Schmerz noch immer Energie raubt?

4. wer die Barrieren auf dem Weg zur Freiheit erkennt und abbaut. Frage: *Wollen* Sie erkennen, was Sie immer wieder unfrei sein lässt?

5. wer seine *unverrückbaren* Grenzen der Freiheit respektiert. Frage: Sie sind nicht zu stolz, diese Grenze anzunehmen?

6. wer die *verrückbaren* Grenzen so weit wie möglich hinausschiebt. Frage: Es lockt Sie, sich mehr als bisher um die Ausweitung dieser Grenzen zu kümmern?

7. wer sich immer wieder an seine früheren persönlichen Erfahrungen mit Freiheit erinnert. Frage: Bemerken Sie den Mut, der angesichts Ihrer Erinnerungen an die Freiheit in Ihnen aufsteigt?

8. wer immer wieder die Freiheit konkret zum *Magneten* werden lässt. Frage: Kann es sein, dass Sie Angst vor der Freiheit haben, nach der Sie sich am meisten sehnen?

9. wer mit zunehmender *Lust* Verantwortung übernimmt. Frage: Sie wissen, dass manchmal die schwierigsten Aufgaben die tiefste innere Befriedigung bringen?

10. wer sich in die Freiheit immer mehr hineindenkt, einfühlt, einträumt, sich in sie vertieft und mit ihr vertraut wird. Frage: Ahnen Sie, dass sich auf diese Weise Ihr Leben wesentlich verändern könnte?

Darf ich Sie nun, um eine weitere *Annäherung* an unser Thema zu erreichen, zu einer kleinen Meditation zur Freiheit einladen?

Mögen Sie die Augen schließen
und Ihre Gedanken so weit wie möglich loslassen?

Lassen Sie vor Ihrem inneren Auge das Wort Freiheit auf sich zukommen … und auf sich wirken.
Spüren Sie, wie das Wort Sie seelisch und körperlich „anspricht"?

Worin möchten Sie freier werden?
(Nehmen wir an, Sie möchten einem bestimmten Menschen gegenüber freier werden.)

Lassen Sie zu, dass bei jedem Einatmen Ihr Brustraum weiter, immer weiter wird, freier, immer freier wird.

Lassen Sie nun vor Ihrem inneren Auge den Menschen kommen, dem gegenüber Sie freier werden möchten.

Kann es sein, dass Sie durch die Weitung des Brustraumes einen gewissen Abstand zu ihm gewinnen?
Sie können den Abstand auch ein wenig genießen?

Da kommen noch andere Gefühle zum Vorschein?
Vielleicht Zorn darüber, dass Sie sich von Ihrer Unsicherheit so arg haben bedrängen lassen?
Vielleicht Schamgefühl, dass Sie vor diesem Menschen so viel Respekt hatten?
Nehmen Sie sich Zeit, alles, was sich zeigt, aufzunehmen und wirken zu lassen.

Dann lassen Sie Bilder der Freiheit kommen,
sodass Ihr geweiteter Brustraum von „Freiheit" ganz ausgefüllt ist.
Verweilen Sie eine Weile in diesem Zustand, solange Sie mögen.

Nach dieser kleinen Übung – Sie können Sie getrost übergehen – wird es Zeit, sich den *Zugängen* zur Freiheit zuzuwenden. Auf diese „Arbeit" freue ich mich schon deshalb, weil jede freiwillige Suche nach dem, was unsere Persönlichkeit weiterbilden könnte, die Lust aufs Leben vertieft.

7. Frei werden durch Wahrhaftigkeit

Wenn ich innerlich zur Ruhe komme, wenn ich in mich hineinhorche und mich frage, wie ich freier werden könnte, wird eines ganz deutlich:

Freier werden, höre ich meine innere Stimme sagen, gelingt, wenn ich „die Wahrheit“ sage: mir selbst und anderen, wenn ich mir und anderen nichts vormache und ich mir nicht den Blick verstelle gegenüber dem, was ist. Warum ist das so?

Weil dann, wenn ich zu dem stehe, was ist, Klarheit entsteht: in mir, in anderen, in der Beziehung zwischen mir und anderen. Dann ist nichts mehr verdunkelt, ist alles hell. Dann muss ich mich nicht mehr verstecken, muss nicht nach Ausreden, Ausflüchten, Erklärungen oder Interpretationen suchen. Dann verfalle ich nicht dem Schuldverschiebespiel, das mich von mir selbst entfremdet. Dann steht nichts Fremdes mehr zwischen mir und anderen. Dann legt sich nichts Fremdes auf meine eigene Seele. Dann erfahre ich das, was man *Identität* nennt.

Das bedeutet?

Das Gefühl, ganz bei mir zu sein. Konkret? Freiheit als Gefühl und Kraft zu erfahren, Liebe zu empfinden. Mut zu haben. Stehvermögen zu wagen. Vertrauen zu mir und anderen zu erleben. Wenn ich mit mir identisch bin und also frei, bin ich geistesgegenwärtig. Dann will ich nur hier sein, also da, wo ich gerade bin. Dann verfalle ich nicht mehr der unseligen Neigung, mich zurück in die Vergangenheit oder nach vorn in die Zukunft zu sehnen. Dann muss ich mich nicht mehr ständig mit dem befassen, was ich nicht bin, nicht habe, nicht kann. Dann bin ich mit mir eins. Dann habe ich genug Kraft, über den eigenen Tellerrand zu sehen und zu bemerken, was der und jener und der andere auch hier und jetzt braucht. Dann liebe ich, ohne es so zu nennen.

Aber, könnten Sie einwenden, zeigt nicht die Erfahrung, dass ich, wenn ich wahrhaftig bin, oft Unverständnis oder Ärger auslöse? Zweifellos kann das so sein. Zugleich aber – und auch das sagt die Erfahrung – wird Menschen, die mit Kultur „die Wahrheit“ sagen, Achtung entgegengebracht. Warum? Weil der wahrhaftige Mensch Stärke ausstrahlt. Weil seine Identität spürbar wird. Weil er mit sich eins ist.

Damit wir uns recht verstehen: Es geht mir bei meinem Werben für Wahrhaftigkeit nicht um Tugend und Moral – wogegen ich nichts habe –, sondern um die existenzielle Erfahrung, dass „die Wahrheit Euch frei machen wird“, ein Satz, den kein Geringerer als der freieste aller Menschen sagte: der Mensch aus Nazareth. So lebte er selbst. Wie? Aufrichtig, klar, kühn, verlässlich – und voller Liebe zur Erde und zum Himmel.

8. Frei werden vom Sog der Vergangenheit

Sie kennen das: Da kommen die Erinnerungen der alten Zeit zurück. Sie haben sie nicht gerufen. Sie wollen sie gar nicht sehen, doch sie drängen sich Ihnen auf. Rasch verändern sie Ihre Stimmung, verdunkeln Ihre Seele, durchziehen Sie mit Schmerz. Die Bilder bedrängen und bedrücken Sie, Bilder der alten Hilflosigkeit, des Schmerzes, der Trauer von einst. Da sind sie wieder: die Menschen von damals, ihre Gesichter, ihre Blicke, ihre Gebärden. Sie sehen, was sie tun. Sie hören, was sie sagen. Sie fühlen ihre ungute Nähe. Dann die alten Räume, die alten Plätze – es ist, als ständen Sie jetzt wieder da. Und von irgendwoher erklingen, verzerrt und doch erkennbar, die alten Lieder und lösen Melancholie in Ihnen aus. Sie fühlen, wie all das, was war, Ihnen wieder nahekommt. Es scheint, als gebe es kein Entrinnen vor der Vergangenheit. Die alten Bilder holen Sie in die alte Zeit zurück und haben noch immer Macht über Sie.

Vielleicht aber sieht es in Ihnen anderes aus. Vielleicht gehören Sie zu den Glückspilzen, die tatsächlich die sogenannte „besonnte Kindheit“ erleben durften, eine Kindheit, die so heiter und beglückend war, dass Sie sich noch immer nicht mit der raueren Gangart der Gegenwart anfreunden können und also zwischen den Zeiten hängen bleiben – mit dem einen Bereich der Seele im Gestern, mit dem anderen im Heute.

So oder so: Zu den schwierigsten, doch wichtigsten Aufgaben im Leben gehört die Verabschiedung von und die Versöhnung mit der Vergangenheit. Diese Aufgabe ist deshalb von so großer Bedeutung, weil wir nur dann frei und also geistesgegenwärtig leben können, wenn wir entweder die schmerzhaften Erinnerungsfesseln abgestreift haben oder die beglückende Vergangenheit in Dankbarkeit zurücklassen können. Und *was wäre dann, wenn wir frei sein könnten von der uns belastenden Vergangenheit?*

Wir lebten nicht mehr in *verschiedenen* Zeiten.
Wir lebten hier und jetzt.
Wir nutzten die Gunst der Stunde und die damit verbundenen Möglichkeiten.
Wir wären gesammelt.
Wir wären bei der Sache.
Wir wären nicht gespalten.
Wir wären mit uns eins.
Wir wären bei uns selbst.
Wir könnten zu uns stehen.
Wir fühlten uns für uns zuständig.
Wir wären frei für unser Leben.
Wir wären frei auch für andere.
Wir lebten *in* der Zeit.

Noch einmal: Warum nur fällt es vielen so schwer, das vergangene Leben sein zu lassen? Manche sagen: Damals war das Leben schön. Damals wurde ich geliebt. Damals habe ich *gelebt*! Damals hat sich das Leben gelohnt. Und heute?

Andere warten noch immer darauf, dass sich die Wünsche ihrer Kindheit endlich erfüllen: warten noch immer auf die zärtliche Hand der Mutter, auf das Spiel mit dem Vater, darauf, dass das Leben ihnen ein Zuhause schenkt. Sie warten noch immer darauf, weil sie nicht loslassen: die Enttäuschung und die Trauer, den Schmerz und die Wut, weil sie die Väter und Mütter von gestern noch immer nicht *Menschen* sein lassen, wie Sie und ich es sind.

Auch das gibt es: Menschen, die von ihrem „Glauben" nicht abzubringen sind, dass sie bleiben, was sie sind: Kinder der Traurigkeit im Schatten des Glücks, vom Leben beleidigt, von der eigenen Seele nicht gewollt. Doch lebt unter ihrer Traurigkeit nicht selten eine gewisse Süße, und so tanzen sie manchen Tanz auf den Gräbern ihres *Lebens*.

Wiederum andere kommen nicht los von den kalten Fesseln ihrer Schuldgefühle und ihres Versagens, ihrer Rache und ihrer Selbstzerstörung. Sie scheinen keine Erlaubnis zu haben, sich in die neue Zeit einleben zu dürfen, fühlen sich wie Verräter und Feiglinge, Schwärmer und Weichlinge, wenn sie dazu herausgefordert werden, die dunklen Stunden von damals sein zu lassen und die Plätze der Freude von heute zu suchen. Es gibt viele Gründe und Abgründe, die uns in der Vergangenheit festzuhalten scheinen.

Gibt es auch Aus-Wege, auf denen wir in die Gegenwart gelangen können? Denn bekanntlich ist nur sie der „Ort", an dem Leben stattfindet. Einen einfachen möchte ich Ihnen kurz vorstellen:

Einer Freundin, einem Freund, einem vertrauensvollen Menschen von dem, was Sie noch immer in der alten Zeit festhält, erzählen – und zwar *im Zusammenhang*! – und sich nicht zu scheuen, alle damit verbundenen Gefühle *auszusprechen*: jene, die noch immer wehtun, und jene, die Ihnen noch immer die Zornesröte ins Gesicht treiben, die noch immer angstvollen, und jene, die Sie noch immer daran zweifeln lassen, ob sich Ihr Leben überhaupt lohnt.

Warum das Aussprechen so wichtig ist? Weil Sprache Ausdruck der Seele ist und deshalb das, was wir aus-sprechen, ausklagen und aus-zürnen, uns einen gewissen Abstand zu dem verschafft, was uns das Leben verdunkelt. Denn das Unbewusste, das unser gelebtes Leben gespeichert hat, vergisst nichts, bis wir es hinreichend zur Kenntnis genommen haben. Das ist beglückend im Blick auf die kostbaren Stunden, die wir erlebt haben, eine Bedrohung jedoch für jeden, der sich von dem, was in der alten Zeit zu schwer war, nicht verabschiedet hat.

Manchmal jedoch ist es unausweichlich, einem fachkundigen Menschen das vergangene Leben hinzuhalten, dann nämlich, wenn die Verletzungen das übliche Maß bei Weitem übersteigen. Und jeder, der eine solche Erfahrung gemacht hat, wird andere zu diesem vielleicht notwendigen Schritt ermutigen.[4]

---

4 Weitere Hinweise zur Arbeit an der Vergangenheit finden Sie in meinem Buch: Worauf es ankommt. Werte als Wegweiser, München 2003, 4. Aufl., S. 71 ff.

9. Ein Muss für die Freiheit: „Sei eigenverantwortlich!“

Das habe ich nun endlich, nach langen Jahren der Auseinandersetzung mit meinem Elternhaus begriffen – und das ist sehr befreiend: Eltern sind die *Ursache* unseres Lebens, der *Grund* sind sie nicht. Sie haben uns unser Dasein vermittelt, geschaffen haben sie es nicht. Ihren Grund haben Kinder im Leben selbst, in Gott. Zwar sind Eltern dafür verantwortlich, *wie* sie die Kinder ins Leben einführen und darauf vorbereiten, nicht aber dafür, *was* sie aus ihrem Leben machen.

Wenn wir das doch begreifen würden: Dass wir uns unsere Würde nehmen, wenn wir die Verantwortung für unser eigenes Leben an andere, zum Beispiel an unsere Eltern, delegieren. Dass wir auf unsere Freiheit – unsere Freiheit! – verzichten, wenn wir die Verantwortung für uns selbst an andere abtreten.

Wenn wir das doch begreifen würden: Dass Eltern Menschen sind, ambivalent wie die Kinder, die einmal Eltern werden, dass alle Menschen, wie das Leben überhaupt, zwei Pole in sich tragen: den dunklen und den hellen, und beide Pole zum Menschen gehören, zu Kindern und zu Eltern.

Wenn doch der, der sich mit seinen Schwierigkeiten und Leiden „konsequent“ als *Opfer* anderer sieht, begreifen würde, was er da mit sich treibt – er würde nicht mehr so energisch seine Opferrolle verteidigen, sondern begreifen, dass er einem der unseligsten Gefühle verfallen ist, dem Selbstmitleid. Kaum ein Gefühl aber hemmt menschliches Leben so stark wie dieses.

Selbstmitleid äußert sich in tragischem Gebaren. Es ist richtungslos und kreist nur um seinen Inhaber. Es hat nicht die Tendenz, sich aufzulösen, im Gegenteil. Es sucht ständig nach Bestätigung der bittersüßen Opferrolle.

Wer sich bemitleidet, fragt nicht danach, was *er selbst* mit der Entwicklung seines gegenwärtigen Zustandes zu tun hat, sondern macht Gott und die Welt dafür verantwortlich. Er spielt wie kaum ein anderer das Schuldverschiebespiel. Für dieses Spiel hat jedoch niemand Sympathie, und deshalb wenden sich die anderen von ihm ab – natürlich mit der Folge, dass sich der Selbstmitleidige in seiner Anschauung wieder bestätigt fühlt – ein Kreislauf ohne Ende. Oder nicht?

Was wäre zu tun? Dieses unselige Gefühl sich eingestehen, seinen Facettenreichtum aufspüren und ihn sich vergegenwärtigen! Die Wirkung ist verblüffend. Der Mensch wird frei – frei für die unbequeme Nachfrage nach den Gründen, die ihn in seine Lage gebracht haben, frei für die Situation, in der er sich nun einmal befindet, frei vom ständigen Kreisen um das begehrliche Ich.

Wer zu verstehen beginnt, welche Gunst und welche Lust darin liegt, sich *für sich selbst zuständig* zu fühlen, sein Leben selbst *führen* zu können, wird zu ahnen beginnen, welche Kräfte er sich dadurch entzogen hat, dass er so lange andere für sein eigenes missliches Lebensgefühl verantwortlich gemacht hat.

10. Verzicht aufs Schuldverschiebespiel

Dieses „Spiel" ist uralt. Es begann im alten Israel damit, dass Menschen sich ihres Versagens und Fehlverhaltens bewusst wurden, es jedoch, bevor sie sich mit ihm auseinandersetzten, in der Wüste dem berühmten „Sündenbock" aufbürdeten.

Die Idee war faszinierend, die Praxis wenig befriedigend. Bald ging den sensibleren Menschen von einst auf, dass eine solche Entladung keineswegs die erhoffte Befreiung brachte.

Seltsamerweise können selbst wir Aufgeklärten von diesem Spiel nicht lassen. Wir bemühen zwar keinen Bock mehr, sondern in der Regel Menschen, die sich für Sündenböcke eignen. Doch befreiend ist auch dieses Schuldverschiebespiel nicht. Was wäre denn befreiend?

Sich zum Beispiel zu fragen: Was in mir lässt meiner Seele keine Ruhe? Denn all die Ungereimtheiten, die ich in mir unter Verschluss halte, sind für das Verschiebespiel von mir auf andere „geeignet".

Oder: Kann es sein, dass das, was mich an dem anderen ärgert oder aufregt, mein eigenes Problem ist, das ich mir nicht eingestehen mag und deshalb, ohne mir darüber Rechenschaft zu geben, auf ihn projiziere?

Oder: Da ist ein Mensch, vor dem ich Angst habe. Kann es sein, dass ich den, vor dem ich Angst habe, nicht mag, es mir jedoch nicht eingestehe – und deshalb meine eigenen inferioren Wutgebilde ihm anlaste, sodass es scheint, als müsse ich ihn fürchten?

Zweifellos verliefen viele Gespräche und Begegnungen viel freundlicher, produktiver und heilsamer, wenn wir auf dieses unwahrhaftige Spiel verzichteten. Wie viele strapaziöse Machtkämpfe fänden nicht statt! Wie viele Aggressionen blieben aus! Wie viele Ehen würden nicht geschieden! Wie viele Gefühle von Überlegenheit und Unterlegenheit würden die Gespräche *nicht* vergiften! Wie viel mehr Freiheit uns selbst und anderen gegenüber würden wir erleben, wenn wir damit Schluss machten, von uns auf andere zu schließen! Wie viel mehr Frieden zwischen den Staaten wäre möglich, wenn sich deren Politiker davon überzeugen ließen, dass jedes Schuldverschiebespiel stets zwei Verlierer mit sich bringt.

11. Der Gegenspieler der Freiheit

Sollten Sie, liebe Leserinnen und Leser, bei der Lektüre der nächsten Seiten den Eindruck haben, dass die Welt, in die ich Sie jetzt entführen möchte, für Sie nichts sei, so blättern Sie gern zum 12. Abschnitt weiter. In der Tat ist die Beschäftigung mit dem Unbewussten – denn darum soll es auf den nächsten Seiten gehen – keine leichte Sache. Ich selbst habe lange gebraucht, um mich mit ihm anzufreunden. Nun aber, nach vielen Jahren der Forschung und Erfahrung, zweifle ich nicht daran, dass diese tief in uns liegende Welt nicht nur „reich" ist an Abgründen, sondern auch – und dem gilt primär mein Interesse – an seelisch-geistigen Kräften. (Sie merken schon, dass ich die Hoffnung noch nicht aufgegeben habe, Sie würden vielleicht doch das ganze Kapitel lesen.)

Der Gegenspieler der Freiheit?

Ich denke an einen bestimmten Widerstand in unserer eigenen Seele, von dem schon der Weise aus Weimar sagte: „*Zwei* Seelen wohnen, ach!, in meiner Brust …" Lange vor Goethe sprachen von diesem Widerstand bereits die Märchen, die bekanntlich Spiegelungen der Seele sind. Die frühen Erzähler dachten sich die Märchen nicht aus. Sie „sahen" vielmehr die aus ihrer inneren Welt aufsteigenden Bilder, ließen sich von ihnen berühren und formten sie zu Erzählungen: helle und dunkle, lebensbejahende und lebensverneinende, sinnstiftende und sinnverweigernde Bilder. Berge und Sümpfe, Meere und Wüsten, weite Ebenen und schmale Pfade, Feuer und Wasser, Licht und Finsternis. Spannender, vor allem wichtiger waren die *Gestalten*, die hellen und dunklen, die zu Personen verwandelten lebensbejahenden und lebensverneinenden Werte und Eigenschaften.

Die *dunklen* Gestalten – denken Sie zum Beispiel an die Hexen oder die schwarzen Vögel – symbolisierten das *Zerstörerische* im Menschen. Sie unternahmen alles, um den Prinzen, der voller Sehnsucht den Weg zum Schloss seiner Prinzessin suchte, von seinem Weg abzubringen. Die *hellen* dagegen – denken Sie zum Beispiel an die alte weise Frau oder den gutmütigen Zwerg – symbolisierten das Gute und Liebevolle und waren ihm behilflich, das Schloss seiner Sehnsucht erreichen zu können.

In der Psychotherapie war es *Sigmund Freud*, der in seinem Buch „Abriss der Psychoanalyse. Das Unbehagen in der Kultur" aufs Eindrucksvollste das Zerstörerische im Menschen beschrieb und es in späteren Jahren sogar mit dem Begriff „Todestrieb" belegte.

Ich selbst habe die tiefe Widersprüchlichkeit unseres Lebens hautnah in den *Wertimaginationen* erfahren, auf die ich im Vorwort bereits kurz einging. Ich möchte sie jetzt etwas ausführlicher beschreiben, damit deutlicher wird, was die Freiheit gefährdet und was sie ins Leben bringt:

Wertimaginationen sind *bewusste* innere Wanderungen in die *unbewusste* Welt, in den Bereich des „unbewussten Geistes", in dem die spezifisch menschlichen Werte wie etwa die Freiheit, die Liebe, der Glaube, der Mut, die Hoffnung, die Selbstheilungskräfte, das Künstlerische usw. geboren werden.

Charakteristisch für die Wertimagination sind drei Dinge. Erstens: Die Ausrichtung auf bestimmte *Ziele*, zum Beispiel auf die eben genannten Werte und Eigenschaften. Zweitens: Bedeutung haben nicht die eingebildeten, sondern die *ausgebildeten* Bilder. Drittens: Zentrum der Wertimaginationen sind die *Wertgestalten*. Sie sind Gestalt oder Person gewordene Werte, die plastisch, dreidimensional und unmittelbar erscheinen. Wir sehen daher auf inneren Wanderungen nicht nur zum Beispiel Symbole für Freiheit, Liebe oder Mut, sondern auch die Freien, die Liebenden, die Mutigen. Sie haben, wenn man ihnen nahekommt, eine starke, energetisch hoch geladene Ausstrahlung und scheinen frei von jeder Ambivalenz zu sein.

In den Wertimaginationen erfahren wir – wie sollte das anders sein? – das Gleiche wie in Märchen, handelt es sich doch um dasselbe Seelengelände: Obwohl der Imaginand die von ihm gewünschten Werte erfahren und leben möchte, stellen sich ihm immer wieder *Widerstände* in den Weg. So setzt zum Beispiel der (innere) Angstmacher, der Niedergeschlagene oder der Schwermütige alles daran, um Sinn und Glück zu verhindern. Andererseits erscheint beispielsweise der (innere) Mutige, der Aufrechte oder der Lebenskünstler, um dem Prinzen zu helfen, den Weg zu finden. Diese in Märchen und Wertimaginationen erscheinenden polaren Gestalten spiegeln das Spannungsfeld wider, in dem sich die Seele befindet: das Spannungsfeld zwischen *Lebensverneinung* und *Lebensbejahung*, Liebe und Hass, Freiheit und Angst, Konstruktivität und Destruktivität, Sinnstiftung und Sinnverweigerung.

Ob nun ein Mensch sein Ziel erreicht – den Schatz, das Glück, den Sinn, die Selbstwerdung und die Sinnfindung, die Freiheit und die Liebe –, alles hängt davon ab, wofür *er selbst* sich entscheidet und in welcher Weise ein Ausgleich zwischen den beiden Polen gelingt.

Die personifizierte *Lebensverneinung* nenne ich den *Inneren Gegenspieler*. Er ist die Personifizierung des abgespaltenen destruktiv-aggressiven Triebbereichs. Alle anderen destruktiven Gestalten sind „nur“ Aspekte des Gegenspielers. Die personifizierte *Lebensbejahung* nenne ich den *Inneren Verbündeten*. Alle anderen hilfreichen Gestalten sind „nur“ *Aspekte* des Verbündeten. Gerade aber die Begegnung mit diesen beiden Großmächten der Seele ist sowohl für die *Auseinandersetzung* mit den Widerständen als auch für die *Aneignung* der verborgenen, sinnstiftenden Lebenskräfte, so für die Freiheit oder die Liebe, von großer Bedeutung.

Ich möchte nun diese beiden inneren Großmächte näher beschreiben. Diese Beschreibung ist mir so wichtig,

- weil daran deutlich werden kann, dass sie keine psychologischen Erfindungen, sondern *Gegebenheiten* des Lebens sind.
- weil, wer über diese Mächte Bescheid weiß, begreift, dass *sie* unser Dasein weit mehr bestimmen, als wir denken.
- weil der, der sie kennt, begreift, warum er das, was er möchte, nicht tut – er sich dagegen auf das einlässt, was er „eigentlich“ nicht möchte.
- weil auf diese Weise die Barrieren auf dem Weg zur Freiheit viel klarer werden und die Motivation zu einem freieren, liebevolleren, sinnvolleren Leben wesentlich gestärkt wird.

Zunächst stelle ich Ihnen den *Inneren Verbündeten* vor: Fast immer zeigt er sich als helle Gestalt mit weißem Gewand. Seine Augen wirken warm und wohlwollend. Er wirkt freundlich, frei, kraftvoll, selbstbewusst, verständnisvoll, vertrauenerweckend, großherzig, gütig, versöhnlich, liebevoll. Oft streckt er dem „Wanderer“ zum Empfang die Arme entgegen.

Was besonders befreiend wirkt: Er beschönigt die manchmal stimmigen Anklagen des Gegenspielers nicht, sondern stellt sie in einen weiteren, größeren Sinnzusammenhang. Er pocht auch nicht auf Regeln oder Gesetze, sondern geht von der Selbstverständlichkeit aus, dass zum Menschsein Fehler, Mängel und die Möglichkeit des Scheiterns gehören. Er weckt Hoffnungen, ermutigt, zeigt neue Wege. Er bejaht die Menschen und das Leben. Er will ihr Bestes. Er vermittelt das Gefühl, im Leben geborgen zu sein.

Er spricht weit weniger als der Gegenspieler. Er sagt zum Beispiel: Gut, dass du da bist, ich habe schon lange auf dich gewartet. – Fürchte dich nicht. – Trau dich! – Alles wird gut. – Bleib bei mir. – Komm wieder.

Sowohl zum Gegenspieler als auch zum Verbündeten gehört ein Land, das tiefer noch das „Wesen“ dieser Großgestalten zeigt: Das *Land* des Verbündeten wirkt freundlich. Die Berge sind licht, die Täler grün. Die Bäume und Pflanzen stehen in voller Blüte.

Die Flüsse sind klar. Die Luft ist klar, der Wind warm. Überall sichtbar ist eine gute Ordnung. Es ist ein Land der einfachen Wahrheiten.

Wenn ich Ihnen nun den *Inneren Gegenspieler* vorstelle, so versichere ich Ihnen, dass seine grausamen Züge nicht meiner aggressiven Fantasie entspringen. Dass er so oder so ähnlich aussieht und wirkt, wie ich ihn jetzt vorstelle, ist durch viele tausend Imaginationen belegt:

Er zeigt sich oft als riesige, furchterregende, hässliche Gestalt, als eine Mischung aus Mensch und Urtier, der gegenüber sich der Imaginand klein, winzig und zunächst ohnmächtig empfindet. Er wirkt kalt, verächtlich, zynisch, sadistisch, diktatorisch, brutal, hämisch, erpresserisch, gemein, vor allem unbesiegbar.

Von ihm geht eine große Schwere aus. Sein grausames und teuflisch anmutendes Lachen hallt von allen Seiten wider. Oft grinst er höhnisch und prahlt: „Du siehst, welche Künste und Mächte ich habe!" Sein Machtanspruch ist ungeheuerlich. Er versperrt alle Wege. Manchmal zeigt er sich auch als wutentbranntes „Rumpelstilzchen" oder als Giftzwerg. Ein Beispiel:

Der Giftzwerg will den Lebensbaum eines Imaginanden vergiften. Andere Zwerge, die ihm dabei helfen, müssen selbst Schutzmasken tragen, um nicht vom Gift getötet zu werden. Die Zwerge gleichen Piranhas, die alles zersägen. Sie versprühen unsichtbare Bakterien, sodass sich die Wurzeln des Lebensbaumes zusammenziehen. Die Zwerge denken sich immer neue Gemeinheiten aus. Bald scheint es, als verkalkten die Adern des Baumes, als werde der Blutkreislauf zersetzt. Der Baum verliert seine Farbe; atonale Töne ziehen bis in die Blätter hoch. Die Giftzwerge freuen sich über jeden Teilerfolg. Der Imaginand mag seinen eigenen (Lebens-)Baum nicht mehr anfassen.

Möglich ist auch, dass sich der Gegenspieler verführerisch oder vernünftig gibt. Er spielt auf allen Instrumenten, doch hat er immer nur das eine Ziel: den Menschen dorthin zu führen, wohin er selbst nicht will.

In aller Regel zieht er sämtliche Register möglicher Beschimpfungen, Verunglimpfungen, Forderungen und Behauptungen, so zum Beispiel: Du bist nichts wert. – Du bist nicht richtig. – Du bist ein Nichts. – Deine Vorfahren waren wie du, und du wirst ihr Schicksal teilen. – Du bist so kümmerlich. – Du willst bloß nicht. – Du musst. Du musst. Du musst. – Glaub ja nicht, dass du davonkommst. – Du bist schuld. Sieh hier, das Gesetz! – Du kannst ja Leid nicht ertragen. Ich werde dich am Leiden wundscheuern. – Leben bejahst du nur, wenn es gut geht; wird es schwer, bist du feige. – Das Leben will dich nicht. – Ich zerschlage alles, und auch dich. – Ich bin der Herrscher – und du entgehst mir nie!

Das *Land* des Gegenspielers wirkt dunkel, neblig, öde, kahl. Unter dem Land lebt die Angst – Oder: Das Land ist rechteckig, gerade, lieblos. – Oder: Ein Gerichtssaal wird sichtbar, den Vorsitz des Gerichts hat der „Großinquisitor", dessen Hauptsatz lautet: „Wer anders denkt, sei verflucht." Oder: Nirgendwo sind Pflanzen, Bäume, überall nur stehendes Wasser. Nichts wächst mehr. – Oder: Das Land ist überzogen von verzehrendem Feuer, gleicht manchmal einer Lava-Hölle. – Oder: Es wird von Orkanen, Erdbeben und Überschwemmungen gebeutelt. – Das Land des Gegenspielers ist ein Land der Sinnlosigkeit und des Todes.

Nun aber kommt das Aufregende und überaus Ermutigende: Vertraut sich der Wanderer der inneren Welt dem *Verbündeten* an, ist der aller Erfahrung nach in der Auseinandersetzung mit dem *Gegenspieler* der Stärkere. Zwar ist die Begegnung mit ihm zunächst alles andere als bekömmlich, doch zeigt sich – wenn sich der Imaginand klar auf die Seite des Verbündeten stellt –, dass die Macht des Gegenspielers nachlässt. Nicht nur das: Folgt ihm der Imaginand ein Stück weit dorthin, woher er gekommen ist, zeigt er sich in seiner Armseligkeit. Er deutet an, dass er von seinem unseligen Hass auf das Leben befreit sein möchte.

Diese Erfahrung halte ich für außerordentlich wichtig, bedeutet sie doch nichts Geringeres, als dass die destruktiven Kräfte zwar nicht ihr „Leben", wohl aber ihre Macht verlieren können, zwar nicht auf Dauer, doch immerhin so lange, wie der Imaginand mit dem Verbündeten verbunden bleibt. Je dichter also der Imaginand emotional seine spezifisch menschlichen Werte und Eigenschaften bejaht und lebt, desto schwächer werden die ihm widerstehenden Kräfte, desto mehr ziehen sich die „Geister" der Lebensverneinung zurück.

Nun könnte der Eindruck entstehen, als sei die innere Welt in eine helle und eine dunkle Zone geteilt, in die Welt des *Verbündeten* und die des *Gegenspielers*. Wäre das so, hieße das, wir wären innerlich zerrissen, gespalten, nicht mit uns eins, hätten kein Mitte, wären nicht frei. Und in der Tat ist Zerrissenheit typisch für viele Menschen unserer Zeit. Keineswegs aber muss dieses Spannungsfeld so sein oder bleiben.

Es gibt eine Gestalt, deren außerordentliche Kraft und Macht offensichtlich wird, wenn wir uns mit ihr imaginativ eng verbinden. Ich spreche vom *Geistvollen*/von der *Geistvollen*. Mögen Sie noch einmal zurückblättern und sich die im Vorwort beschriebene Imagination vergegenwärtigen? Diese Gestalt ist die Personifizierung des unbewussten Geistes, also die Symbolisierung des Menschlichsten im Menschen. *Sie* ist stark genug, die scheinbar tiefe Kluft zwischen der dunklen und der hellen Zone, den sinnverweigernden und sinnstiftenden Strebungen im Menschen, überbrücken zu können.

Nun werden Sie, verehrte Leserin, verehrter Leser, einwenden, das sei gut und schön. In den Wertimaginationen könnten sich solche Erfolge möglicherweise einstellen. Man könne aber doch nicht permanent imaginierend durchs Leben laufen. Recht haben Sie! Deshalb muss die weiterführende Frage lauten: Wie kann das, was ein Imaginand in einer Wertimagination erlebt, so rasch wie möglich ins *konkrete* Leben transferiert werden? Fünf Antworten möchte ich darauf geben:

1. Wer in *einer* Wertimagination erlebt, dass er seinen destruktiven Strebungen nicht ausgeliefert, sondern in der Lage ist, sich auf die konstruktiven auszurichten, erkennt und fühlt, dass es eine Alternative zu seinem bisherigen Leben geben könnte.
2. Erlebt ein Mensch in einer Reihe von Wertimaginationen, dass die Gegenspielerkräfte zwar stark, die Kräfte des Verbündeten jedoch stärker sind, werden ihm seine Erlebnisse zur Erfahrung. *Erfahrung* aber ist die Grundlage unseres Daseinsgefühls.
3. Wer Erfahrungen dieser Art macht, wird darüber nachdenken, ob das, was in der *Wirklichkeit* des Unbewussten möglich ist, auch in der Realität des Alltags möglich sei.
4. Transferimaginationen, das heißt Wertimaginationen in den konkreten Alltag sind erprobte Möglichkeiten, den Imaginanden auf die von ihm gewünschten Ziele vorzubereiten. Das bedeutet zum Beispiel, dass jemand, der angstvoll an eine Rede denkt, die er demnächst zu halten hat, sich in Begleitung seines Inneren Mutigen in den (imaginierten) Saal begibt und die Rede schon einmal vorweg (und sehr gekonnt) hält. Ist dann der gefürchtete Tag gekommen, wird unser Referent sich gedanklich mit seinem inneren Begleiter auf den Weg begeben, nun aber zum konkreten Saal und in dem Bewusstsein der Nähe des Mutigen. Und wird nicht ohne Applaus bleiben.
5. Doch keine Wertimagination und keine noch so ausgefeilte seelische Technik führen zum Ziel, wenn ein Mensch nicht Ja zu dem sagt, was zu erreichen er sich vorgenommen hat. Solange er zu dem, was er möchte, Jein sagt, wird sich nichts in seinem Leben ändern.
   Das bedeutet: Wer freier werden möchte und in seiner Tiefe starke Bilder der Freiheit *erlebt und erfährt*, steht noch einmal – mutterseelenallein und ohne Wertgestalten – vor der Frage, *ob* er *tatsächlich* will, was er gesehen hat. Das heißt: Wertimaginationen führen äußerst hilfreich hin zu dem, was

ein Mensch verändern möchte, die Entscheidung aber, ob er die Veränderung auch tatsächlich will, ist und bleibt eine Sache seiner ureigenen Freiheit. Diese Freiheit jedoch kennt keine weiteren Bedingungen.

Schließlich: Selbstverständlich sind es nicht nur Märchen, nicht nur Wertimaginationen, nicht nur tiefenpsychologische Erfahrungen, die uns Ein-Sichten in das Spannungsfeld der Seele verschaffen können. Auch die Träume, jene wunderbare Fundgrube für Selbst- und Welterfahrung, die uns Nacht für Nacht sowohl Ausschnitte unserer persönlichen als auch der Weltwirklichkeit zeigen, sind nur eine weitere Möglichkeit, zu einem tieferen Verstehen des Widerstandes gegen die Freiheit zu gelangen.

Niemand, der es sich erlaubt, wachen Sinnes durch diese Welt zu gehen, kann gar nicht anders: Er nimmt auch *bewusst* die starken Spannungen wahr, die unser Leben bestimmen. Und steht täglich vor Entscheidungen, ob er das Helle oder das Dunkle will. Stets steht der Mensch vor der Frage, wie er mit den Ambivalenzen des Lebens fertig werden kann. Immer aber ruft ihn die im unbewussten Geist wartende Freiheit dazu auf, sie in Anspruch zu nehmen und das Sinnvolle zu tun und zu leben.

12. Ein Beispiel: Freiheit gewinnen trotz des Gegenspielers

Nun bin ich weit davon entfernt, die Wertimagination als neuen Schlüssel zum Glück der Freiheit anpreisen zu wollen, obwohl ich – das gestehe ich – die Auffassung vertrete, dass sie weit mehr ist als eine Technik oder eine Methode, vielmehr ein natürlicher (ja, natürlicher!) Weg zu dem das Bewusstsein fundierenden unbewussten Geist. Und deshalb habe ich die Zuversicht, dass immer mehr Menschen Zugang zu ihr finden werden.

Nun aber: Wie werde ich mit dem Gegenspieler, jener destruktiv-aggressiven Macht in mir auf *andere* als auf wertimaginative Weise fertig? Anders gefragt: Welche anderen Wege gibt es, um mehr als bisher glauben, lieben, hoffen, frei sein zu können? Statt weiterer Theorie zeigt das folgende Beispiel auf anschauliche Weise, wie es trotz heftiger Interventionen des Gegenspielers möglich ist, ein freier Mensch zu werden. Es ist zwar kein übliches Beispiel, aber ein wahres, ein äußerst beeindruckendes.

Jeder Mensch, der von einem auf den anderen Tag aus der Bahn geworfen wird, steht vor der dringlichen Frage, wie er weiterleben kann. Da gibt es die einen, die über die Mauer zwischen gestern und morgen nicht hinwegkommen und ein „zweites Leben“ (hoffentlich nur zunächst!) verweigern. Da gibt es die anderen, die über ihr ungewolltes Schicksal zwar *zunächst* verzweifelt sind, dann aber zu einem neuen und durch und durch sinnvollen Leben durchstarten – wie mein neuer Freund Thomas Geierspichler:

Als ich Thomas kennenlernte, waren wir innerhalb weniger Minuten im tiefen Gespräch über Gott und die Welt. Vor lauter Begeisterung umarmten wir uns gleich dreimal. Während ich von ihm zu erzählen beginne, sehe ich ihn vor mir. Da sitzt er, der Mittdreißiger, im Rollstuhl vor mir. Seine blonden Haare suchen eigenwillig eine noch unbekannte Form. Er schläft zurzeit nur wenige Stunden, weil Kopf und Herz voll sind von Ideen. Was beschäftigt ihn? Vordergründig die Vorträge, die er zu halten, das Buch, das er gerade abgeschlossen hat. Seine Reisen zu bestimmten Trainingsorten, denn Thomas ist Olympiasieger und Weltrekordler im Marathon-Rollstuhlfahren. Er bereitet sich gerade auf die nächste Weltmeisterschaft vor. Im Besonderen beschäftigt ihn das Leben. Und Gott. Auch die Frage, wozu der Mensch in der Lage sei – und dann dieses: Er will dazu beitragen, und das tut er schon jetzt in fabelhafter Weise, dass mehr Freundlichkeit und Lebensbejahung in die Welt kommen.

In seinem Arbeitszimmer hängt ein Bild mit dem berühmten Jesus-Satz: „Alles ist möglich dem, der da glaubt." Glaubt Thomas das? Er weiß, dass er aller Voraussicht nach zeitlebens auf den Rollstuhl angewiesen bleiben wird. Gleichwohl spielt er mit dem Gedanken – das verriet mir seine Cousine –, irgendwann sogar den Salzburger Hausberg, den Untersberg, erklimmen zu können. Was glaubt er noch? Dass Leben geht, so oder so. Dass Leben bejaht werden kann, auch wenn die äußeren Bedingungen schwierig sind. Dass Gott eine, nein!, die unverzichtbare Größe im Leben ist. Dass Menschen wertvoll sind, ob sie nun eine Behinderung haben oder nicht.

Nein, auch Thomas ist nicht permanent gut gelaunt. Trotz – oder gerade wegen? – seiner lebensbejahenden Haltung gibt es auch für ihn immer wieder dunkle Stunden, die er nicht verdrängt. Bestimmend aber bleibt für ihn die Hoffnung, die Hoffnung auf ein sinnvolles Leben, nicht nur für ihn selbst, sondern auch für andere.

Wie er nach seinem Unfall, der die Querschnittslähmung verursachte, gewesen ist? Nur dieses als Antwort: Die versammelten Kräfte des Inneren Gegenspielers hatten ihn besetzt – und das nicht für kurze Zeit. Was dann kam? Nachdenken. Erschütterung über das, was der Gegenspieler inszeniert hatte. Öffnung hin zu sich selbst. Beginnende Aussöhnung mit dem Geschick. Öffnung zu Gott. Nicht nur aufgrund der Not, sondern auch und vor allem aufgrund der tiefen Einsicht in die Unabweisbarkeit dieser Mitte allen Lebens.

Noch einmal sehe ich ihn vor mir und denke an unseren letzten Abend. Wir saßen vor der Tür. Es war dunkel geworden – und sehr frisch. Wir bemerkten die Kälte erst beim Aufbruch, denn unser Gespräch war sehr persönlich geworden – auf beiden Seiten. Und mir ging auf, dass *unter* seiner seelischen Schwere, die gar nicht rasch erkennbar ist, eine tiefe Freude liegt, deren Quelle in nichts Äußerem begründet ist, sondern tief in seinem Innern, in seiner dichten Nähe zu sich selbst und zum Himmel.

Kürzlich schickte er mir via Internet sein im Herbst 2011 erschienenes Buch „Mit Rückgrat zurück ins Leben“[5]. Welch eine Werbung für das Leben! Wegen seiner radikalen Offenheit. Wegen seiner tiefen Liebe zum Leben. Und weil er so deutlich macht, dass ein im unbewussten Geist verwurzeltes Gefühl für Freiheit stärker ist als all das, was Leben behindern will.

---

5 Ueberreuter-Verlag

13. Ich muss wissen, wer ich bin

Ein afrikanisches Märchen geht etwa so: Ein Vogelkundler entdeckte in einem Hühnerhof einen Adler, den sein Besitzer ein Huhn nannte, weil er ihn zu einem Huhn erzogen hatte. Der vogelkundige Mann widersprach ihm, und so beschlossen beide eine Probe. Der Vogelkundler nahm den Adler, hob ihn in die Höhe und beschwor ihn: *„Adler, der du ein Adler bist, breite deine Schwingen aus und fliege!"* Der jedoch blickte stumpf umher, sah die Hühner Körner picken und sprang in den Hof zurück.

Am nächsten Tag wiederholte der Vogelkundler seinen Versuch, stieg mit dem Tier auf das Dach des Hauses und erinnerte ihn eindringlich an seine Herkunft: *„Adler, der du ein Adler bist, breite deine Schwingen aus und fliege!"* Doch auch dieser Versuch war vergeblich.

Ein letztes Mal erlaubte der Hofbesitzer einen Versuch. Da ging der vogelkundige Mann mit dem Adler an den Fuß des Berges, den die Sonne in gleißendes Licht getaucht hatte, und sprach: *„Adler, der du ein Adler bist, du gehörst dem Himmel und nicht der Erde. Breite deine Schwingen aus und fliege!"* Bewegung ging durch den großen Körper, aber – er flog nicht. Da streckte der Mann den Hals des Adlers der Sonne entgegen – und der Vogel breitete seine mächtigen Schwingen aus, erhob sich mit einem Schrei und flog dem Licht entgegen.

Mensch, der du ein Mensch bist, besinne dich auf das, was du bist: Kein nur von den Genen, der Erziehung, der Mitwelt oder der Zeit gesteuertes, bestimmtes, fixiertes, abhängiges Wesen, sondern ein Mensch, der die Fähigkeit in sich trägt, sich nach dem

Besten im Leben auszurichten: der Freiheit, der Liebe, dem Glauben an eine sinnvolle Welt.

Manchmal werde ich hin und her gerissen zwischen Ohnmacht und Zorn, wenn mir wieder einmal aufgeht, dass viel Not nicht sein müsste, dass viele harte Lebensläufe anders verlaufen könnten, dass viele Menschen mehr Glück erfahren könnten, wenn sie sich bewusst machten, wer sie in Wahrheit sind: Menschen mit viel Gold im Geröll ihrer Lebensmine. Deshalb gehört es zu den fast tragisch zu nennenden Tatsachen, dass viele nicht wissen, welche Kräfte in ihnen stecken. Dass sie übersehen, welche *Fähigkeiten* und *Begabungen* sie in sich tragen. Dass sie nicht einmal an ihrer Selbstvernachlässigung leiden. Dass sie nicht merken, wie viel *wartendes Leben* in ihnen versauert. Schicksalhaft ist das nicht.

Und wie erfahren wir, wer wir sind? Dadurch, dass wir uns mehr als bisher kennenlernen, zum Beispiel

- den Strom der Familien, aus dem wir stammen, denn wenn wir ihn erkennen, können wir uns entscheiden, ob wir ihn fortsetzen wollen oder nicht.
- die Zusammenhänge unseres bisherigen Lebens, denn wenn wir sie entdecken, entwickelt sich ein Zusammenhang auch in uns.
- die in uns ablaufenden Gefühle, die hellen ebenso wie die dunklen, denn sie sind nicht nur, wie man oft so harmlos meint, Stimmungen, sondern Kräfte, die unser Lebensgefühl bestimmen.
- die Wünsche, die dunklen und die hellen, denn sie zeigen an, was uns gefährden und was uns beglücken könnte.
- die eigenen Grenzen, denn wer sie kennt, kennt den Raum der Freiheit, der ihm zur Verfügung steht und der sich möglicherweise erweitern ließe.
- die verborgenen Begabungen, denn wer davon weiß, sieht, was er fördern sollte.

- die größten Widerstände auf dem Weg zur Freiheit, denn wenn wir sie kennen, werden wir dazu herausgefordert, sie zu überwinden.

Sich selbst kennenlernen – im Gespräch mit guten *Freunden* (gute Freunde sind solche, die uns sowohl Angenehmes als auch Unangenehmes sagen mögen), in der *Stille*, wenn die verborgenen Seiten der Seele zu sprechen beginnen, in der *Meditation*, im *Gebet*.

Sich selbst kennenlernen, das heißt auch und im Besonderen, sich die inneren *Bilder* anzusehen, zum Beispiel in Märchen, Träumen und Wertimaginationen. Denn sie sind die *Sprache* der Seele.

Sich kennenzulernen vielleicht auch auf diese Weise? Bei einer Abendgesellschaft sprachen mehrere vornehm gekleidete Damen und Herren über das Theater. Je später es wurde, desto heiterer wurden sie. Nur einer, ein älterer Herr, beteiligte sich wenig. Irgendwann jedoch erhob er sich aus seinem Sessel, schaute jeden Einzelnen an und fragte: „Wenn ihr Gelegenheit hättet, eine bestimmte Rolle auf der Bühne zu spielen – welche würdet ihr am liebsten spielen?"

Der erste entschied sich für „Hamlet", der zweite für den „Hauptmann von Köpenick". Dann meldete sich die Frau des älteren Herrn zu Wort und sagte: „Ich möchte einmal, ein einziges Mal, eine verruchte Animierdame spielen."

Niemand lachte mehr, alle schwiegen, und dann sprach jeder von seiner eigenen Rolle: Der eine spielte sich in einen Fußballstar hinein, der andere in einen Modezar, jemand war bereits ein Tyrann, der nächste sah sich als Psychoanalytiker ... Sie verabschiedeten sich erst spät, denn sie hatten viel darüber zu reden, dass jeder von ihnen viel zu wenig von dem lebte, was auf Erfüllung drängte. Welche Rolle Sie wohl, verehrte Leser, auf Ihrer Lebensbühne spielen möchten?

14. Ein bescheidener erster Selbsterfahrungskurs

Mögen Sie noch mehr von sich selbst erfahren? Ich selbst liebe konkrete Fragen und Gedankenanstöße. Sie zeigen mir, was mich an meiner Freiheit hindert oder was ihre Entwicklung fördert. Sollten Sie ähnliche Neigungen haben, werden Ihnen die folgenden Anregungen weiterhelfen. Wenn nicht, übergehen Sie gern den folgenden Abschnitt. Sollten Sie sich aber darauf einlassen, empfehle ich Ihnen, die Anregungen nicht durchzulesen, sondern sich für diese oder jene Frage Zeit zu nehmen.

1. Wer bin ich?
Ich bin ein Mensch, der ...
Was ich wirklich gut kann, ist ...
Was ich wirklich an mir sympathisch finde, ist ...
Was ich in mir (an verborgenen Möglichkeiten) ahne, ist ...
Ich bin zufrieden, wenn ...
Mein ganzes Leben lang wollte ich ...
Was ich unbedingt zum Leben brauche, ist ...
Zu wenig wichtig nehme ich ...
Wie *möchte* ich sein?

2. Womit ich mir das Leben schwer mache
Fehler, die ich schon heute vermeiden könnte ...
Ich weiche noch immer aus vor ...
Worüber ich unbedingt einmal nachdenken müsste ...
Negative Gedanken, die ich ständig zulasse, sind ...
Mein Hauptproblem ist ...

3. Wünsche
Wenn ich drei Wünsche frei hätte, würde ich …
Mein größter Wunschtraum ist noch immer …
Eigentlich wollte ich immer mal …
Wenn ich keine Angst vor dem Urteil der anderen hätte, würde ich …
Wenn ich nur noch ein Jahr zu leben hätte, würde ich …

4. Selbstvertrauen
Anerkannt fühle ich mich, wenn …
Dass auch ich ein wertvoller Mensch bin, geht mir auf, wenn …
Im Grunde könnte ich schon selbstbewusst sein, weil ich …
Ich ahne, dass ich etwas zu sagen habe, wenn ich …
Es gibt Dinge, die nicht sein müssten und deretwegen ich mich wenig selbstbewusst fühle …

5. Verlässlichkeit
Ich kann mich bei mir selbst darauf verlassen, dass ich …
Ich traue mir zu …
„Groß in Form" komme ich, wenn …
Ich stehe wie ein Fels in der Brandung, wenn …
Mich selbst vergessen kann ich, wenn …
Freunde sagen von mir …

6. Hauptsächliches
Die Hauptsache in meinem Leben ist …
Hauptsächlich *lebe* ich …
Der Leit-Wert meines Lebens ist …
Der Leid-„Wert" meines Lebens ist …
Sinnvoll lebe ich, wenn ich …
Die Frage nach Gott ist mir wichtig/unwichtig, weil …

7. Halt im Leben
Die Kraft, aus der ich lebe, ist …
Was mich trägt, ist …
Halt fand ich früher …
Ich sehne mich danach …
Ich ahne, was mir Halt geben könnte …

8. Freude
Das letzte Mal richtig gefreut habe ich mich …
Das letzte Mal gelacht/gesungen habe ich …
Gut gelaunt bin ich, wenn ich …
Ganz warm ums Herz wird mir, wenn …
Ich mag an meinem Leben …

9. Zeit
Mein Tag beginnt gut, wenn ich …
Ich brauche täglich Zeit für …
Wenn ich mir mehr Zeit *nähme*, würde ich …
Ganz in der Gegenwart lebe ich, wenn ich …
Leer ist für mich die Zeit immer dann, wenn ich …

10. Verantwortung
Verantwortung übernehmen will ich, weil …
Eine Aufgabe, die mich herausfordern würde, wäre …
Da gibt es schon etwas, das auf mich wartet …
Lust an der Verantwortung habe ich, wenn …

11. Veränderung
„Alles" anders werden soll es immer dann, wenn …
Das Schwierige daran, erwachsen zu werden, ist …
Ich warte noch immer darauf, dass …
Ich könnte so weiterleben, weil …
Manchmal habe ich den Eindruck …

15. Ich bin viel mehr, als ich denke
Wie wir werden, was wir sein könnten

Wenn ich mit meinen Besuchern über ihr Leben spreche, höre ich eine Frage immer wieder. Sie wird selten am Beginn des Gesprächs gestellt. Sie kommt nicht glatt über die Zunge, sie wird auch nicht laut ausgesprochen. Und oft ist es so, als erwartete man darauf keine wirkliche Antwort.

Welche Frage ich meine?

Wer bin ich *eigentlich*? Eigentlich. Das heißt: Was von dem, was mich an Leib, Seele und Geist ausmacht, ist mir zu eigen, gehört wirklich zu mir – was gehört zu mir persönlich? Was von alledem bin *ich selbst*?

Wer so fragt, geht davon aus, dass es manches gibt, das ihn davon abhält, er selbst zu sein – dass da viel Fremdes ist an ihm und in ihm, dass er vieles denkt, fühlt, tut, lebt, was nicht zu ihm passt, was ihm nicht entspricht, das ihn fremd bestimmt. Das aber hat Folgen:

Wer nicht oder nicht genug denkt, fühlt und tut, was ihm *selbst*, also ihm persönlich entspricht, also dem, was einzigartig und einmalig an und in ihm ist, der

- geht – mehr oder weniger – die Wege der anderen.
- hört – mehr oder weniger – nicht auf seine eigene innere Stimme.
- folgt fremden Wünschen und Vorstellungen.
- lässt sich zu stark vom Urteil anderer beeindrucken.
- wagt nicht zu sagen, was er denkt.
- steht zu wenig zu sich selbst.

- ist in seinen Entscheidungen nicht klar genug.
- schiebt vieles, womit er selbst nicht fertig wird, auf andere.
- vertraut sich selbst und anderen zu wenig.
- sagt nicht wirklich Ja zum Leben.
- findet nicht wirklich Sinn im Leben.
- lebt nicht mitten im Leben.
- hat es schwer, zu lieben.
- fürchtet den Tod, weil er nicht genug für sich im Leben findet.
- geht nicht *seinen* Weg zu *seinem* Ziel.

Mir scheint, als nehme die Zahl derer, die zu wenig das *Eigene* leben, die also nicht genügend mit sich identisch sind, zu. Noch immer erschüttert mich ein Traum, den mir ein Mann erzählte: Er sieht, wie in der Nacht eine seltsame Gestalt auf einem Marktplatz sich immer wieder bückt. Auf die Frage, was sie denn da suche, sagt sie: „Ich sammle die Seelen auf, die täglich verloren gehen."

Was wäre denn, wenn wir weit mehr als bisher das *Eigene* lebten, das, womit wir identisch sind, das, was uns frei sein lässt? Wenn wir werden würden, was wir sein könnten? Wir könnten die Reihe der Folgen von Selbstentfremdung umdrehen. Also:

Wir würden unseren eigenen Weg gehen.
Wir würden auf unsere innere Stimme hören.
Wir würden zu uns stehen.
Wir würden mitten im Leben sein.
Wir hätten Freude an uns selbst usw.

Was aber hindert uns daran, so zu werden, wie wir sein könnten? Außer dem Inneren Gegenspieler? So manches uns Bekannte: die Eltern, die Schule, die Partnerschaft ... der Beruf, die Gesellschaft, die Zeit, die Welt, in der wir leben ... und unsere eigenen persönlichen Entscheidungen, die uns glücklich machen, aber auch ins Chaos katapultieren können.

Und da ist noch etwas: unser Mangel an Kenntnis dessen, was auch zu unserem Menschsein gehört. Das, woran ich denke, ist meiner Erfahrung nach für die Frage, wer ich *eigentlich* bin, von erheblicher Bedeutung – und ist bisher viel zu wenig beachtet worden. Ich meine dies: dass wir nicht nur Individuen sind, sondern auch einen bestimmten *Typus* haben. Dabei haben Forscher seit der Antike bis heute die vielfältigen Verhaltensweisen der Menschen untersucht und die unterschiedlichen Charaktere = Arten = Typen zu ordnen versucht – nicht um Menschen „abzustempeln" und in Schubfächer zu stecken, sondern um sie besser verstehen und ihnen entsprechend behilflich sein zu können – körperlich, seelisch und geistig.

Dass wir Menschen einer Gattung angehören, der Gattung Mensch, bezweifelt bekanntlich niemand. Dass jeder von uns einzigartig ist, bejahen wir gern. Doch dass wir auch einen Typus haben, finden viele eher belanglos. Aber diese Annahme ist nicht nur bedauerlich, sondern auch wirklichkeitsfremd.

Um verständlich zu machen, was ich meine, möchte ich Ihnen ein Bild zeigen: Stellen Sie sich eine Weide vor, auf der zwölf Pferde grasen: vier weiße (Araber), vier schwarze (Friesen) und vier braune (Andalusier). Alle zwölf gehören der Gattung Pferd an. Die weißen, die schwarzen und die braunen aber einer Rasse, einem Typ. Konzentrieren Sie sich dann zum Beispiel auf die vier Araber, werden Sie sehen, dass jedes einzelne Pferd eine ganz eigene Persönlichkeit ist. Nicht anders ist es in der Pflanzenwelt, nicht anders bei uns Menschen.

Eine Typenlehre besonderer Art ist nach meiner Auffassung das Enneagramm[6], das ich vor über 20 Jahren kennenlernte und mit dem ich mich seitdem intensiv auseinandergesetzt habe. Je tiefer ich es kennenlernte, desto bedeutsamer wurde es mir.

6 Richard Rohr/Andreas Ebert: Das Enneagramm. Die 9 Gesichter der Seele, München 2005, 41. Pbck.-Auflage. Siehe dazu auch mein Buch: Du bist viel mehr. Wie wir werden, was wir sein könnten, Salzburg 2010

Inzwischen habe ich viele Menschen erlebt, die wie ich zunächst Staunen und Abwehr zeigten, wenn sie begannen, sich mit ihrem Typus zu beschäftigen. Doch kaum einer, der diese Fundgrube der Menschenkenntnis wirklich kennenlernte, konnte sich der Beschäftigung damit auf Dauer entziehen.

Aus meiner Sicht ist das Enneagramm ein Glücksfall für die Psychologie, weil es in erstaunlicher Klarheit zeigt, dass und wie Menschen unterschiedlicher „Typen“ auf ihre eigene Weise denken, empfinden, fühlen und handeln. Wären wir mit den neun unterschiedlichen „Typen“ vertraut, würden wir uns selbst, unser Original und damit unsere Möglichkeiten, freier zu sein, viel gründlicher erkennen. Wir würden differenzierter, nüchterner und verständnisvoller mit uns und anderen umgehen, weil uns klar wäre, dass Menschen je nach dem, welchen Typus sie haben, auch je ihren eigenen Blickwinkel haben. Wie oft denke ich an ein altes Ehepaar, das mir sagte: Hätten wir früher von dieser Typenlehre erfahren, wir hätten uns weit weniger Schmerzen zugefügt.

Wenn ich Ihnen nun die neun Typen vorstelle und Sie sich fragen, wie sich die Erkenntnisse in die Praxis umsetzen lassen, sollten Sie vorweg Folgendes wissen:

1. Zwar sind in jedem Typus – wie sollte das anders sein? – alle menschlichen Eigenschaften vorhanden, doch gehören zu jedem Typus vorrangig ganz bestimmte.

2. Zu jedem Typus gehört eine bestimmte *Schwachstelle*, die die Selbst- und Sinnfindung erschweren kann – und ein bestimmtes *Potenzial*, ein bestimmter menschlicher *Wert*, der unsere Persönlichkeit wesentlich erweitern würde, wenn wir ihn denn ausgiebig leben würden.

3. Wertimaginationen sind geeignet, den Imaginanden hautnah sowohl an seine Schwachstelle als auch und vor allem an sein Wertpotenzial heranzuführen, sodass er es sich leichter aneignen könnte.

Wenn ich Ihnen nun in der gebotenen Kürze die wichtigsten Aspekte der neun „Typen" vorstelle, so seien Sie nicht enttäuscht, wenn Sie sich nicht gleich in den Beschreibungen wiederfinden. Ein bisschen nähere Beschäftigung ist schon erforderlich.[7] Nun also:

1. Der Reformer – wir können ihn auch den *Perfektionisten* nennen:

Ein Mensch dieses Typus neigt dazu – ich beginne mit dem eher schwierigen Part seiner Persönlichkeit –, möglichst vieles, was ihn und die Welt betrifft, ändern, perfektionieren, vervollkommnen oder wenigstens reformieren zu wollen und, wenn möglich, gleich. Mit dem, was ist, gibt er sich nicht rasch zufrieden. Nichts mag er weniger als „halbe Sachen". Nichts ist ihm genug. Die Folge dieser heroischen Selbst- und Weltsicht: Er ärgert sich, nörgelt viel, regt sich auf, wird aggressiv (und manchmal nicht ohne eine geheime Lust). Noch heute denke ich amüsiert an einen Mann, der mir mit einer Mischung aus Grimm und Selbstbelustigung sagte: „Ich ärgere mich so gern."

Weil der Reformer den Anspruch hat, alles „richtig" machen zu wollen – auch um vor anderen gut dazustehen –, gerät er, wenn er sich ärgert, nicht selten in eine Zwickmühle: Einerseits schimpft er – und zwar nach innen –, andererseits macht er nach außen gute Miene zum „bösen" Spiel. Dadurch kommt er in Stress und übersieht viel zu oft die schönen Seiten des Daseins. Er hetzt durch die Zeit, bleibt nicht in der Gegenwart, bricht ständig zu neuen Ufern auf.

Aber – und nun verrate ich Ihnen seine starken Seiten: Wenn er an Reife gewonnen hat, haben wir viel Freude an ihm. Dann erleben wir ihn als Visionär einer besseren Welt, der darauf hofft,

7 In meinem Buch: Du bist viel mehr. Wie wir werden, was wir sein könnten, Salzburg 2010, stelle ich die neun Typen dar und den Weg, wie man vom Typ, den man hat, zum Original wird, das man ist.

dass anderes, besseres Leben möglich sei. Und dafür tut er selbst eine ganze Menge: Er ist lösungs- und zielorientiert. Man kann sich auf ihn verlassen. Je mehr er lernt, den Dingen „ihre eigene innere Entwicklung zu lassen“ (Rilke), ist er in seiner Geduld, Gelassenheit und Hoffnungsstärke eine Wohltat auch für seine Umgebung. Eine andere Stärke ist seine Fähigkeit zur Selbstkritik. Wenn er sie nicht übertreibt und nicht in Schuldgefühlen badet, gehört er zu den nicht gerade häufig anzutreffenden Zeitgenossen, die das (uralte) Schuldverschiebespiel nicht mitmachen, sondern, wenn sie einen Fehler begangen haben, an ihre *eigene* Brust klopfen. Ein amüsantes Beispiel:

Eine Mutter (Reformerin), die bemüht ist, ihr Kind „richtig“ zu erziehen und daher nicht frei ist von der Tendenz, ihren vierjährigen Bernd häufig zu ermahnen, fragt sorgenvoll ihre Freundin: „Kann es sein, dass ich Bernd zu streng erziehe? Gestern verlor ich ihn im Kaufhaus. Und als man ihn nach seinem Namen fragte, soll er gesagt haben: ‚Bernd, lass das.‘“

Wie schade, dass ich schon zum zweiten Typus übergehen muss, sonst würde ich Ihnen noch davon berichten können, wie humorvoll der Reformer sein kann.

Die *Schwachstelle* ist Ungeduld und damit verbunden Aggressivität.
Der für seine Weiterentwicklung wichtigste *Wert* ist Geduld.

2. Der Helfer neigt dazu, anderen *mehr als üblich* zu helfen, auch wenn diese so hilfsbedürftig nicht sind. Ich kenne Helfer-Männer, die sich liebevoll der Küche nähern und der Gattin sanft das Gemüse, den Teller oder das Gewürz aus der Hand nehmen in der an und für sich löblichen Absicht, ihr die Arbeit abnehmen zu wollen.

Was aber, wenn sie das gar nicht möchte? Wenn sie sich heute bei ihrer Arbeit durchaus nicht unwohl fühlt? Wenn sie nicht nur heute, sondern oft die Hilfswilligkeit des Gemahls geradezu fürchtet? Ich kenne allerdings auch Helfer-Frauen, die andere Menschen nach ihrer Befindlichkeit fragen – in froher Erwartung, ihnen behilflich sein zu können, und die enttäuscht sind, wenn sie ihnen nicht zur Seite stehen dürfen.

Sie werden mit Recht fragen: Klagen wir denn nicht ständig darüber, dass die Hilfsbereitschaft der Menschen abnimmt? Gewiss. Aber: „Noch ein paar gute Taten, gegen unseren Willen an uns vollbracht, und wir sind erledigt", hat der Philosoph Arno Plack einmal gesagt. Es ist eben ein Unterschied, ob jemand wirklich Hilfe braucht – oder ob sie ihm angedient wird. Hier liegt das Problem!

Der Helfer *braucht es, gebraucht zu werden.* Warum? Weil er, wenn er viel und oft hilft, das Gefühl hat, wichtig im Leben zu sein, Sinn im Leben zu finden. Sie können sich vorstellen, dass er sich selbst von anderen nichts schenken lassen möchte, nur das eine – Sie haben es erraten – Anerkennung und Dank, und davon, wenn möglich, nicht wenig.

Fatal wäre, wollten wir *all* seine Bemühungen egoistisch nennen. Wenn nämlich der Helfer an Reife gewonnen hat, dann tut er vieles zweifellos aufrichtig und verantwortungsbewusst. Und dann dankt man ihm gern. Dann erfreuen wir uns an seiner warmen Ausstrahlung und seiner Einfühlsamkeit. Dann fühlen sich viele von ihm wertgeschätzt. Dann erleben wir den Helfer als Liebhaber des Lebens, der auch die Gabe hat, in anderen Begabungen, Talente, das Gute zu entbinden. Gäbe es mehr Menschen seiner Art, die nicht nur das Defizitäre, sondern auch das Liebenswerte an anderen entdecken, wäre weniger Angst in der Welt, wäre die Welt gewiss wärmer.

Die *Schwachstelle* ist seine Selbstferne.
Der für seine Weiterentwicklung wichtigste *Wert* ist die Liebe, die sich selbst *und* den anderen meint.

3. Der Erfolgsmensch, der Macher, neigt dazu – ich beginne wieder zunächst mit der Schattenseite –, gewinnen zu wollen, gewinnen um fast jeden Preis. Gewinnen, um seinen „Marktwert“ zu erhöhen. Um das zu erreichen, entwickelt er nicht selten ein charmantes Verhältnis zur Wahrheit. Ein Beispiel dafür, was er sich vorzumachen in der Lage ist:

Voller Stolz zeigt der neue Reihenhausbesitzer (ein Erfolgsmensch) einem Freund seinen Garten. Einen Augenblick zögert dieser, dann sagt er: „Groß ist er ja nicht.“ Darauf entgegnet der stolze Besitzer: „Nein, aber unwahrscheinlich hoch.“

Entscheidend ist für ihn weniger, *was* er macht, um zu gewinnen, sondern *dass* er gewinnt. Nicht der Weg ist für ihn bedeutsam, nur das *Ziel*, der Erfolg. Auf *Applaus* kommt es ihm an, darauf, ob er „ankommt“, nicht darauf, welches Stück er spielt.

Deshalb kann es sein, dass er sich mit Menschen und Aufgaben identifiziert, die ihm persönlich gar nicht entsprechen.

Doch wenn er an Reife gewinnt, wenn er klarer wird und sich dem stellt, was wirklich ist, sehen wir eine strahlende, attraktive Persönlichkeit. Dann geht *Großzügiges* von ihm aus, eine befreiende *Leichtigkeit* und ein liebenswerter *Charme*. Dann wirkt er frisch, jugendlich, auch wenn er so jung nicht mehr ist.

Dann vermittelt er das Gefühl: Das Leben gelingt! Dann kann er begeistern, sich und andere. Dann schafft er vieles in die Welt hinein, pragmatisch, kompetent, lösungsorientiert.

Die *Schwachstelle*: Der Schein ist ihm wichtiger als das Sein.
Der für seine Weiterentwicklung wichtigste *Wert* ist Wahrhaftigkeit.

4. Der Romantiker
„Man versehe mich mit Luxus. Auf alles Notwendige kann ich verzichten.“ Dieser Satz des Romantikers Oscar Wilde führt Sie eindrucksvoll in unser neues Thema ein.

Typus? Diesen Begriff hört er gar nicht gern. Denn er, der feinsinnige und empfindsame, kreative und künstlerische Mensch, legt sehr viel Wert auf seine Besonderheit. Wie alle anderen sein, denken, fühlen und handeln – das mag er nicht.

Er ist auf der Suche nach der „blauen Blume“, dem besonderen Schatz. Die Welt ist ihm zu profan.

Eine Möglichkeit, mit der profanen Welt umgehen zu können, besteht für ihn darin, sie durch Rituale und Symbolisierungen zu verfeinern, zu überhöhen und zu gestalten. Dabei denke ich zum Beispiel an einen Mann, der seiner Frau morgens durch die Stellung ihrer beider Zahnbürsten signalisierte, wie er die derzeitige Beziehungsqualität einschätzte.

Es gibt Zeiten, da will er nur auffallen. Dann verhält er sich arrogant und künstlich, erlaubt sich zum Beispiel ein verwegenes „Outfit“, nennt andere „Spießer“ oder „Spätbürger“, schert sich um keine Ordnung, macht sich selbst zur Norm. Das zeigt eindrucksvoll der folgende Witz:

In sich gekehrt, verlässt der letzte Gast das Lokal. Der Kellner folgt ihm und erinnert ihn daran, dass er nicht bezahlt hat. Versonnen, mit dunklem Blick schaut er durch den Kellner hindurch und sagt mit einem tiefen Seufzer: „Ich trank, um zu vergessen.“

Sie haben längst bemerkt, dass ich neben den Schattenseiten bereits liebenswerte Aspekte dieses Typus genannt habe, zum Beispiel seine Feinsinnigkeit, Kreativität, seine künstlerischen Neigungen. Und darüber hinaus? Was wären wir ohne diesen Typus? Seine Symbolisierungen und Rituale erinnern uns daran, dass Leben seine Wurzeln nicht im Vordergründigen hat. Sein ästhetisches Empfinden mahnt die Bedeutung von Kultur in einer Zeit zunehmender Profanisierung des Lebens ein. Seine Sehnsucht nach Harmonie und Ganzheit hält in uns die Erinnerung wach, dass Leben nicht so bleiben muss, wie es nun einmal ist.

Die *Schwachstelle* liegt in seiner *inneren Heimatlosigkeit*.
Der für seine Weiterentwicklung wichtigste *Wert* ist Echtheit.

5. Der Beobachter

Ein altes Ehepaar besucht ein kleines Dorf, in dem es sich kennen- und lieben gelernt hat. Als die beiden „ihren" Weg noch einmal gehen, bleiben sie an einem Zaun stehen. Da nimmt der alte Herr seine Frau in die Arme und küsst sie. „Das ist ja seltsam", sagt er nach einiger Zeit gerührt. „Du zitterst ja wie damals." Seine Rührung verfliegt im Nu, als sie sagt: „Vor 40 Jahren war der Zaun auch noch nicht elektrisch geladen."

Da haben Sie ihn, den Beobachter-Typus! Der alte Herr, der nicht dieser Struktur angehören dürfte, ist gefühlvoll und unmittelbar. Sie dagegen, die alte Dame, eine Beobachterin, lässt sich von der für ihn emotional aufgeladenen Situation keineswegs beeindrucken, sondern analysiert den Zusammenhang zwischen Zaun und Zittern und kommt zu dem Ihnen inzwischen bekannten nüchternen Ergebnis. Analytisch ist dieser Typus. Scharfsinnig durchdenkt er Menschliches, Technisches, Vergangenes, Gegenwärtiges. Ein klar denkender Mensch, der offen ist für alles Neue. Er ist so, weil er Abstand hat: zu Menschen, zu Dingen, zum Leben.

Und damit sind wir bereits bei seiner problematischen Seite: Wenn er zu viel Abstand braucht, kommt er anderen und sich selbst nicht nahe. Dann kann es passieren, dass er sich andere durch Ironie oder gar Sarkasmus fernhält. Und verlegt er sich gar aufs Schweigen, dann sehen Sie förmlich, wie sich Eisberge um ihn ausbreiten.

Er *selbst* will sehen, selbst aber nicht gesehen werden. *Er* hält sich zurück. Er teilt *sich* nicht mit. Er zeigt sich nicht ganz. Doch wenn er sich öffnet, ist es eine Wohltat, ihm zu begegnen. Dann können wir seine Objektivität bewundern, sein Verständnis und seine Weisheit. Dann genießen wir seinen stillen Humor, staunen über seine mitfühlende Kraft, wundern uns, was wir alles ihm anvertrauen können. Dann steht ein Mensch vor uns, dem unsere tiefe Achtung gilt.

Die *Schwachstelle*: seine Distanziertheit zum Leben
Der für seine Weiterentwicklung wichtigste *Wert*: Offenheit dem Leben gegenüber

6. Der Loyale

Der gereifte Loyale ist ein Gemeinschaftsmensch. Jeder Staat bräche zusammen, gäbe es ihn nicht. Er ist verantwortungsbewusst, verlässlich, engagiert. Auffallend ist seine Hilfsbereitschaft, für die er – anders als der nicht gereifte Helfer – keinen besonderen Dank erwartet. Er wirkt warmherzig und liebenswert, freundlich und sympathisch. Wer in seiner Nähe lebt, empfindet, dass Menschen Heimat geben können. Sich nur nicht zu wichtig nehmen. Diese Bescheidenheit ist einerseits bestechend, andererseits birgt sie die Gefahr in sich – und damit bin ich bei der schwierigen Seite des Loyalen –, dass er, wenn er sich selbst zu wenig wichtig nimmt, nicht das Beste aus sich heraus lebt und einer „grauen Maus“ ähnlich zu werden droht. Eine andere Gefahr besteht darin, dass er sich leicht zum Opfer machen lässt. Wie viele Frauen, die dieser Struktur angehören, dulden über Jahre die Lieblosigkeit, den Verrat, die Tyrannei ihrer Männer. Statt sich aufzurichten, sich zu empören und konkrete Konsequenzen zu ziehen, ziehen sie sich in eine Opferrolle zurück.

Was ist das Problem des nicht gereiften Loyalen? Er kennt sich zu wenig. Er ist sich *selbst* zu fern, und das führt zu Ängstlichkeit und Selbstzweifeln, Misstrauen und Skepsis. Deshalb ist er zu sehr auf einen Rückhalt angewiesen, auf etwas, was ihn hält und trägt: Menschen, Gruppen oder wenigstens eine stabile Idee. Doch – darf ich es noch einmal sagen? – was wären wir ohne diesen Typus! Die Welt wäre kälter – und das Netzwerk der Menschen hätte an vielen Stellen schwarze Löcher.

Die *Schwachstelle*: Angst
Der für seine Weiterentwicklung wichtigste *Wert*: Mut zum Leben durch Selbsterkenntnis

7. Der Glückssucher
Der gereifte Glückssucher ist ein optimistischer, lebensbejahender, allen und allem gegenüber aufgeschlossener und daher Freude ausstrahlender Mensch. Das Leben ist für ihn eine einzige Fundgrube des Glücks. Wir können ihn auch den Sonnensucher nennen. Wen wundert's, dass er unter Menschen gern gesehen und es ein Vergnügen ist, sowohl mit ihm zu arbeiten als auch zu feiern. Diese „Philosophie" ist tief in ihm verankert: Wer die Augen aufmacht, findet, was er braucht, um seinen Tagen Glanz zu geben. (Fast) jeder Augenblick ist eine Gunst. Der Glückssucher ist ein Perlenfischer. Würden Sie nicht auch die Dame, mit der ich Sie rasch bekannt machen möchte, am liebsten umarmen?

Eine ältere Frau, die in Irland Urlaub gemacht hat, landet in Hamburg auf dem Flughafen, wo sie von ihrer Freundin empfangen wird. Besorgt sagt diese bei der Begrüßung: „Geht es dir gut? Ich hab' gehört, dass ihr noch mehr Regen gehabt habt als wir." Darauf entgegnet die „Irländerin" mit dem Anflug eines Lächelns: „Wieso? Der Regenwechsel hat mir gutgetan."

Was kann denn bei dem Sonnensucher problematisch sein? Weil Spaß und Vergnügen für ihn so wichtig sind, hat er die Neigung,

Unangenehmem auszuweichen, sich weniger attraktiven Realitäten zu entziehen und in ungezügelter Fantasie eine Scheinwelt zu entwickeln. Sorgen, Probleme oder Schmerzen sind keine favorisierten Themen des Glückssuchers. Deshalb setzt er alles daran, sie zu vermeiden. Doch das kann gefährlich werden, denn Schmerzen, vor allem die inneren, können Wegweiser zu den Quellen sein, die unser Lebenswasser trüben. Die aber sollte man kennen! Und warum weicht er vor Schmerzen aus? Weil er fürchtet, er habe in der Tiefe keinen Halt, keine Mitte, keinen Kern. Aber – gäbe es Wichtigeres als das, danach zu suchen?

Der *Schwachpunkt*: Maßlosigkeit
Der für seine Weiterentwicklung wichtigste *Wert*: nüchterne Heiterkeit

8. Der Starke, der Boss

Der Starke, der Boss, ist der geborene Führungsmensch! Er ist tief in seiner eigenen Kraft verwurzelt. Er sagt, was er denkt, auch wenn seine Sicht der Dinge Konflikte auslöst. Konflikte sind für ihn allerdings keineswegs so ärgerlich, peinlich oder angstmachend wie zum Beispiel für den Glückssucher, weil er auf diese Weise erfährt, wo Freund und Feind stehen. Er braucht Herausforderungen. Deshalb genießt er es besonders, wenn sie ihm von seinesgleichen angeboten werden. Ein Beispiel:

Der Chef zu seinem neuen Assistenten: „Ich bin kein Freund langer Worte. Sie sehen mich durch die Glasscheibe. Wenn ich die Hand hebe, sind Sie auf der Stelle bei mir.“ – „Okay, Chef“, lautet die Antwort, „schüttle ich den Kopf, komme ich nicht.“

Er hasst langatmige Diskussionen mit anderen. Er will auf den Punkt kommen. Geradezu allergisch reagiert er auf alles Künstliche und Unechte. Und dann ist Vorsicht geboten. Dann zögert er nicht lange. Dann erhebt er vernehmlich seine Stimme und demaskiert den „Versager“ schonungslos.

Doch manchmal wundert man sich über seine Güte, die zum Beispiel dann sichtbar wird, wenn er Menschen begegnet, die schwach sind und daran nichts ändern können. Sein Verhalten wird allerdings verständlich, wenn man weiß, dass in ihm, dem Stolzen, ein „inneres Kind“ lebt, das weich, liebevoll, vor allem gütig ist – und eine tiefe Sehnsucht hat nach einer guten Welt.

Die *Schwachstelle*: Härte, Rigorosität
Der für seine Weiterentwicklung wichtigste *Wert*: Güte

9. Der Ursprüngliche
Wir kommen zum „Stillen im Lande“. Begegnen wir dem gereiften Menschen dieses Typus, wird er Ihnen freundlich, warmherzig und gelassen begegnen. Sie werden bald Vertrauen zu ihm haben. Sie werden erleben, dass er Sie sein lässt, wie Sie sind. Er versteht viele – und vieles. Er kann die unterschiedlichsten Standpunkte akzeptieren. Sich selbst aber nimmt er nicht so wichtig. (Wir lernten dieses Phänomen bereits beim Loyalen kennen.) Warum ist er so, wie er ist? Weil er stark mit seiner inneren, ursprünglichen Welt verbunden ist. Er lebt in ihr. Er ruht in ihr. Ihr gilt im Besonderen seine Aufmerksamkeit und sein Interesse – mehr als der Außenwelt.

Selbstverständlich nimmt auch er an der Widersprüchlichkeit des Lebens teil. So bestechend seine Gabe ist, sich selbst nicht so wichtig zu nehmen: Seine Gefährdung besteht darin, dass er sich zu wenig wichtig nimmt, deshalb Herausforderungen und Konflikten aus dem Wege geht und sich in seine innere Welt zurückzieht. Die Folge? Er lernt seine wirklichen Kräfte nicht kennen und nimmt sie deshalb auch nicht in Anspruch.

Manchmal kommt man um den Eindruck nicht umhin, als nehme der Ursprüngliche die Welt nicht ganz ernst, als zeige sich auf seinem sonst so bescheiden wirkenden Gesicht ein überlegenes Lächeln, unter dem Hochmut verborgen sein könnte. Möglich ist auch, dass sein Hochmut ihn dazu verleitet, den Sinn des eigenen und des Lebens überhaupt infrage zu stellen.

Und doch: Gäbe es den Ursprünglichen nicht, wäre viel mehr Feindschaft und weniger Frieden in der Welt. Anders gesagt: Weil es ihn gibt, gibt es die ständige Erinnerung daran, dass Verstehen, Freundlichkeit und Frieden keine Utopien sind.

Die *Schwachstelle*: Antriebsarmut
Der für die Weiterentwicklung wichtigste *Wert*: Verantwortung

Wie erkenne ich nun, dass ich viel mehr und also viel freier bin, als ich denke, und wie realisiere ich diese Erkenntnis?

1. Je bewusster ich mich mit meiner typologisch bedingten Schwachstelle auseinandersetze, je mehr ich mich hineindenke, hineinfühle, hineinlebe in mein typologisch bedingtes Potenzial, den wichtigsten Wert, desto näher komme ich meinem Original.

2. Wesentlich verstärkt wird dieses Vorhaben durch wertimaginative Arbeit. Das möchte ich Ihnen an einem Beispiel verdeutlichen:

Ich denke an Frau Susanne (ca. 55 Jahre alt), eine Frau voller Lebensangst[8]. Sie erzählt mir ausführlich ihr Leben. Dabei geht mir auf, dass sie dem Typus der Loyalen angehört, dessen Schwachstelle die Angst ist. Nach einigen Wertimaginationen schlage ich ihr vor, zunächst die ängstliche Susanne kommen zu lassen. Es dauert nicht lange, da sieht sie sie – nein, sich selbst – plastisch und unmittelbar: mit mausgrauem Kleid, gebeugtem Rücken, die Hände ineinander verschränkt, das Gesicht verhärmt. Der Blick ist scheu, die Stimme leise.

8 Name und Alter sind frei erfunden.

Ist sie denn wirklich so, die Susanne, werden Sie fragen. Ja, jedenfalls ihren Möglichkeiten nach, die immer mal wieder real werden. Was empfindet Susanne, als sie sich so sieht? Mitleid, Mitgefühl, Traurigkeit und nicht wenig Zorn auf sich selbst.

Daraufhin empfehle ich ihr, nun die mutige Susanne kommen zu lassen. Auch sie erscheint bald, aber ganz anders: schick gekleidet, aufrecht gehend, strahlend, mit klarem Blick, die pure Lebensfreude. Das Gesicht ist schön, auch klug. Es strahlt Lebenswillen aus und die Fähigkeit, gut mit Leben umgehen zu können. Es zeigt eine Wärme, die weich ist und doch stark zugleich. Die Imaginandin staunt, sagt leise flüsternd „Das bin ja ich auch …“ und kann sich nicht an diesem Bild sattsehen. Bild? Mehr als das: nämlich Susanne mit ihren realen Möglichkeiten, die tatsächlich wirklich werden könnten.

Worauf kommt es noch an, um immer mehr der und die zu werden, die wir sind?

Wohl darauf,

- dass ich mit meiner Vergangenheit Frieden schließe.
- dass ich in den Fragen des Lebens mehr auf mein Gefühl höre als auf meinen Verstand.
- dass ich meine Verantwortung nicht an andere delegiere.
- dass ich so viel wie möglich hinsehe auf das, was ist.
- dass ich so wenig wie möglich ausweiche vor dem, was auf mich zukommt.
- dass ich in Menschen, und also auch in mir, vor allem die Perlen suche.
- dass ich nach der Liebe in mir suche.
- dass ich niemals zu staunen aufhöre über den blauen Stern, auf dem wir leben, den wir misshandeln und der uns trotzdem noch immer Heimat gibt.
- dass ich keine Frage wichtiger nehme als die, „was die Welt im Innersten (und also auch mich selbst) zusammenhält“.

16. Den eigenen Weg gehen

Wenn du zum Tor des Lebens gelangen willst,
musst du aufbrechen, einen Weg suchen,
der auf keiner Karte verzeichnet
und in keinem Buch beschrieben ist.
Dein Fuß wird an Steine stoßen,
die Sonne wird brennen und dich durstig machen,
deine Beine werden schwer werden.
Die Last der Jahre wird dich niederdrücken.
Aber irgendwann wirst du beginnen,
diesen Weg zu lieben.
Weil du erkennst, dass es dein Weg ist.
Du wirst straucheln und fallen,
aber die Kraft haben, wieder aufzustehen.
Du wirst Umwege und Irrwege gehen,
aber dem Ziel näherkommen.
Alles kommt darauf an,
den ersten Schritt zu wagen.
Denn mit dem ersten Schritt
gehst du durch das Tor.[9]

Man sagt, vor allem die frühe Kindheit präge das spätere Leben. Das ist wohl so, denn Kinder können in der Tat auf ihr Geschick selbst wenig Einfluss nehmen. Sie wissen nicht, dass ihr Leben auch anders aussehen könnte. Sie haben keinen Maßstab, um das,

9 Wolfgang Poeplau, „Wenn du zum Tor des Lebens …“, aus: Wolfgang Poeplau, Geh durch das Tor zum Leben, illustriert von Conrad Contzen © Christophorus in der Verlag Herder GmbH, Freiburg i. Br. 1983, S. 4

was sie erfahren, selbst beurteilen zu können. Sie haben vor allem keine Macht, um das, was sie wollen, durchsetzen zu können. Und doch: Die ersten Jahre prägen den Menschen, aber sie bestimmen nicht sein Schicksal. Sie liefern ihm viel Stoff für sein späteres Leben, doch was er daraus macht, liegt wesentlich an ihm. Die ersten Jahre müssen nicht sein ganzes Leben bestimmen.

Irgendwann einmal ahnt (hoffentlich!) jeder, der über den Verlauf seines bisherigen Lebens unglücklich ist, dass die Qualität, das Wohl und Wehe der weiteren Jahre davon abhängt, ob er sich auch künftig dem Diktat seiner Prägungen beugen – oder sich für neue Erfahrungen öffnen will.

Die Frage ist nur, ob er sich dem, was er ahnt, zuwendet. Wer sich zum Beispiel seinen eigenen Träumen zuwendet, sieht, dass sich unter den frühen Prägungen weites, unverbrauchtes Land ausbreitet, das darauf wartet, endlich erlebt zu werden. Und wer begreift, was das bedeutet, wird nicht anders können: Er wird seinen eigenen Weg gehen wollen.

Und was erlebt er da auf diesem Weg?

Er fragt danach, was seinem eigenen Profil entspricht. Er fragt, was für ihn Sinn macht. Er geht nicht mehr den Weg der anderen, sondern seinen eigenen. Er verhält sich nicht konformistisch, hat aber die Kraft, sich anzupassen, wenn die Anpassung nicht sein Inneres verletzt. Er schätzt zwar die bekannten Pfade, hat aber auch Lust, neue zu erwandern.

Wer seinen eigenen Weg geht, leidet weniger als andere unter der Angst vor einer der schlimmsten Geißeln der Menschheit, der Angst vor dem Urteil der anderen. Er wird selbstständig, eigenständig, eigenwillig, eigensinnig. Er steht auf eigenen Beinen. Er hat Stehvermögen. Er sieht auf das für ihn Wesentliche und Wichtige und entsorgt die kleinlichen Sorgen um die eigenen Bedürfnisse. Er wird erwachsen. Er will dort sein, wo er gerade ist. Er fühlt Glück. Er ist frei.

Ist das nicht zu schön, um wahr zu sein? Ist dieser Weg nicht eine Illusion, zumal in dieser Zeit? Selbstverständlich eckt der, der seinen eigenen Weg geht, manchmal an. Oft genug redet man über ihn, und keineswegs nur freundlich. Konformistisch lebende Zeitgenossen wehren sich gegen ihn, weil er sie an ihre eigene nicht gelebte Freiheit erinnert. Und nicht selten wird er so weit an den gesellschaftlichen Rand gedrängt, dass es ihm schwerfällt, seinen Weg fortzusetzen. Und doch: Weil das so ist, weil der Mensch nicht nur ein Gemeinschaftswesen ist, nicht nur einen Typus hat, sondern auch ein Original ist, verlangt sein Wesen danach, immer mehr das Ureigene aus sich heraus zu leben.

Wie wir lernen, unseren eigenen Weg zu gehen?

- Dadurch, dass wir uns immer mehr *selbst kennenlernen*, denn dann wissen wir, dass wir neben all unseren Schwächen hinreichend Kräfte haben, die uns erlauben, Selbstvertrauen zu entwickeln und uns selbst treu sein zu können. Wir entwickeln auch ein Gefühl dafür, was es bedeutet, dass es uns nur einmal auf der Welt gibt und diese Einmaligkeit auch einen eigenen Weg verlangt.
- Durch *bewusstes Leben*. Durch die Bewusstwerdung dessen, was wir in Wahrheit wollen und was nicht. Was für uns stimmig ist und was nicht. Worin wir Verantwortung haben und worin nicht. Und sich für diese Fragen Zeit nehmen.
- Wer seinen eigenen Weg gehen möchte, muss lernen, *selbst zu denken*. Erlauben Sie mir, dazu etwas Persönliches zu erzählen. Das Bedürfnis, es „der Welt“ mitzuteilen, hatte ich schon einmal[10]:

Obwohl ich in meinem Studium die Inhalte sehr spannend fand, spürte ich eine zunehmende Unzufriedenheit. Wenn ich Seminararbeiten zu schreiben hatte, referierte ich mit Fleiß die Meinungen der großen Leute. Doch fragte ich mich so manches Mal, welche dieser Meinungen denn verbindlich sei.

---

10 In: Uwe Böschemeyer/Magda Van Cappellen: Bei sich beginnen. 17 Wege zum Glück, Hamburg 2004, S. 63

Jahre später hatte ich für meinen Lehrer Prof. Frankl einen wissenschaftlichen Artikel zu schreiben. Nachdem ich ihn beendet hatte, zeigte ich ihn meinem früheren Hamburger Lehrer und Chef Prof. Thielicke. Als er ihn mir zurückgab, sagte er: „Gut, nur: Sie zitieren zu viel Frankl." Dieser Satz veränderte nicht nur mein wissenschaftliches Arbeiten – er veränderte zum Teil mein Leben.

Am vorläufigen Ende dieser Entwicklung stand ein Traum, der im schönen Wien handelte und mir erlaubte, auch meinem bis heute von mir verehrten Lehrer Frankl gegenüber meinen eigenen Weg zu gehen:

Ich fuhr mit einer Kutsche, die von vier stattlichen Pferden gezogen wurde, auf eine Donau-Brücke, die in der Mitte gewölbt schien. Als ich den Höhepunkt erreicht hatte, spürte ich deutlich, dass ich vor einer lebenswichtigen Entscheidung stand:

Entweder hielt ich die Pferde an, um zurückzukehren – oder ihnen freien Lauf zu lassen und in die Stadt hineinzufahren. Einen Augenblick zögerte ich. Dann schwang ich die Peitsche und die Rosse galoppierten ins Zentrum von Wien.

In der folgenden Sequenz sah ich mich als Seminarleiter in einem Raum sitzen, in dem ein erfreuliches Gespräch zwischen den Studenten und mir stattfand. Der Traum wurde wahr.

Selbst denken – das hieß fortan für mich: Mir meine eigenen Gedanken zu machen über Welt, Menschen, Persönlichkeitsbildung, Therapie – Meinungen anderer zwar zu studieren, sie aber nicht selbstverständlich hinzunehmen. Ich spürte eine zunehmende Lust am Widerspruch gegen die „Großen". Daraus entwickelte sich das Gefühl, selbst auch etwas sagen zu können. Das führte zu der Erfahrung, dass da etwas Eigenes in mir sei, dem ich trauen konnte. Diese Erfahrung wiederum bewirkte eine Zunahme meines bis dahin recht brüchigen Selbstwertgefühls.

Selbst denken. Nicht zu viel zitieren …

Den eigenen Weg gehen, sich selbst treu und daher freier, immer freier werden. Die Freiheit aber ist eine besondere Mutter des Glücks.

17. Den eigenen Weg gehen – ein Beispiel

Kürzlich sah ich den Film „The King's Speech", der die tausend Nöte des englischen Königs George VI. schildert. Er stotterte. Doch gerade dieser König wurde während des Zweiten Weltkrieges für Großbritannien durch seine mutmachenden Reden wichtig. Zwar hatte er mithilfe eines Sprachlehrers gelernt, flüssiger zu sprechen, überwunden aber war sein Stottern keineswegs. Doch sein Verantwortungsgefühl war stärker als seine Sprechangst. Wen wundert's, dass das Volk ihn zu schätzen und lieben lernte. Der Film bewegte mich sehr, nicht zuletzt deshalb, weil er mich an eigene schwere Lebensjahre erinnerte. Und wenn ich nun davon erzähle, so deshalb, um persönlich zu dokumentieren, dass es möglich ist, freier zu werden, immer freier – und ich inzwischen die Freiheit habe, darüber sprechen zu können.

Auch ich litt darunter, dass ich seit meinem fünften Lebensjahr nicht sprechen konnte, genauer gesagt, dass ich zwar nicht in allen, aber in vielen Situationen meine Worte nur gepresst äußern konnte. In der Schule brachte ich so gut wie kein Wort heraus. Als ich mich zum Theologiestudium entschloss, um Pfarrer zu werden, erregte ich Unverständnis. Wie erwartet, schwieg ich auch im Studium. Mein erster öffentlicher Auftritt glich – sprachlich gesehen – der im Film nur angedeuteten peinlichen Thronrede des englischen Königs. Mein Schamgefühl berührte mein Innerstes zutiefst, als ich in die peinlich berührten und/oder mitleidsvollen Gesichter meiner Zuhörer sah.

Sprecherziehung und psychotherapeutische Hilfe reduzierten die Angst vor dem Sprechen nur geringfügig. Jedes öffentliche Auftreten wurde für mich zum Horror. Da ich gut schreiben konnte, begann ich dieses und jenes zu veröffentlichen. Das führte dazu, dass ich zu Vorträgen eingeladen wurde. Ich nahm sie in der Regel zwar an, sagte sie jedoch vor dem Termin häufig wieder ab. Das führte zu weiteren Kränkungen, denn ich betrachtete mich keineswegs als einen unzuverlässigen Menschen. Allein das Ringen darum, ob ich nicht doch den Vortrag halten sollte, machten die Tage zuvor zur Marter. Dass ich Tag um Tag vor Post- und Bahnschaltern, beim Bäcker, beim Fleischer, bei unvermeidbaren Besuchen, beim Grüßen von Nachbarn in tausend Ängste und nicht weniger Schamgefühle geriet, sei nur nebenbei erwähnt.

Die Sprache besserte sich, als ich an die theologische Fakultät der Universität Hamburg (Professor Dr. Helmut Thielicke, Sozialethik) berufen wurde und bemerkte, dass die Studenten meine Seminare schätzten. Das verschaffte mir im Lauf der Zeit ein gewisses Selbstwertgefühl. Eine weitere Besserung trat durch meine Ausbildung zum Logo- (Psycho-)Therapeuten ein. Ich hatte die Gunst, in den Jahren 1971–1975 neben meiner Universitätsarbeit persönlicher Schüler Viktor Frankls sein zu können, nachdem er meine Dissertation über die Sinnfrage in der von ihm entwickelten Logotherapie und Existenzanalyse aus theologischer Sicht mit „Auszeichnung" bewertet hatte. Ich war auch nicht wenig stolz, dass mich der große alte Mann im Rahmen der *American Medical Society of Vienna* selbst prüfte und mich 1980 zur Lehre seiner Methode autorisierte. Ganz wichtig aber war, dass er mir existenziell vermittelte – und das war ein riesiges Geschenk! –, was er in dem von ihm oft zitierten Goethe-Satz zum Ausdruck gebracht fand: „Wenn wir den Menschen so nehmen, wie er ist, dann machen wir ihn schlechter. Wenn wir ihn aber so nehmen, wie er sein soll, dann machen wir ihn zu dem, der er werden kann."[11] (An einen Menschen „glauben", wenn der schon nicht selbst an

---

11 So zum Beispiel in: Der Mensch vor der Frage nach dem Sinn, Piper-TB, München 1998, 10. Aufl.

sich „glauben“ kann! Diese Erfahrung wurde für meine spätere Arbeit mit Menschen von zentraler Bedeutung.)

Mein erstes Buch, das in einem bekannten Verlag erschien, wurde gut aufgenommen. Auch das tat mir wohl. Wieder folgten Einladungen zu Vorträgen. Von nun an lehnte ich sie nicht mehr ab. Zwar blieben die Ängste vor öffentlichen Auftritten noch eine Zeit lang, sie glichen jedoch nur noch einem starken Lampenfieber. Als die erste Einladung zu einem Fernsehauftritt kam – live und in Anwesenheit einer psychotherapeutischen Koryphäe –, entwickelte ich während der Sendung zu meinem eigenen Erstaunen fast Vergnügen an dem Auftritt. Dass dieser Abend zu einem Meilenstein auf dem Wege zur Gesundung wurde, ist verständlich.

Dem ersten Buch folgten viele andere. Wieder kamen Einladungen zu Vorträgen und Rundfunksendungen. Vor einiger Zeit nahm ich an einer Fernsehsendung teil, die in meiner geliebten Stadt Wien stattfand. War das noch der „Stotterbock“ früherer Jahre, wie ihn die Jungs meines Dorfes riefen, fragte ich mich. War das noch derselbe Mensch, der früher in der Schule und im Studium sich vor den Lehrern unsichtbar zu machen versuchte, um ja nicht aufgerufen zu werden?

Was führte dazu, dass ich beruflich immer mehr Erfolg hatte, dass das Interesse an meinen öffentlichen Auftritten zunehmend wuchs? Nicht wenige meiner Hörer sprechen – ungefragt – von meiner besonderen Ausstrahlung. Immer wieder wird mir – ungefragt! – gesagt, man könne mir stundenlang zuhören. Nicht wenige Leser staunen über die Einfachheit meiner Sprache und deren Tiefgang. Nur das veränderte mich?

Ich vermute dies: Äußerlich gesehen war es der berufliche Erfolg. Mehr noch die immer stärker sich ausbildende Hoffnung, dass Veränderungen möglich sind, wenn man weiß, was man verändern möchte. Die Überzeugung, dass Geist alles andere ist als ein philosophisch interessantes Denkobjekt, sondern *die* machtvolle Kraft im Menschen. Die Einsicht, dass der Glaube

Berge versetzen kann, sowohl der ganz irdische Glaube an konkrete Veränderungen als auch der Glaube daran, dass Gott – gegen alle Vernunft – das Herzstück des Lebens ist. Schließlich der vielleicht seltsam anmutende Gedanke, dass ein Mensch, der viel gelitten, doch nicht resigniert hat, einiges vom Leben versteht und deshalb einen stillen Stolz fühlt.

Sie fragen, liebe Leserinnen und Leser, wie es denn zu dem „Sprachfehler" – so nannte meine Familie mein Stottern – gekommen sei. Natürlich wird kein Kind mit einem „Sprachfehler" geboren. Ein solcher „Fehler" wird erworben. Wodurch? Zum Beispiel, wie in meinem Fall, durch eine dramatische, schicksalsschwere, kaum bekannte Familiengeschichte, deren Ausstrahlung mich bis tief ins Erwachsenenalter schwer belastete und die zu manchen persönlichen Irrungen und Wirrungen führte, deren Wege meine Umgebung oft genug nicht verstehen konnte. Vor allem war meine Mutter vom „Schicksal" betroffen. Daher saß ich als Junge zahllose Male an ihrem Bett, weil sie weinte. Ich versuchte mich zu rechtfertigen, ohne zu wissen, wofür; ich versuchte sie zu trösten, ohne zu wissen, wie. Damals wusste ich nicht, dass sie um meinen älteren Bruder weinte, den sie nie gesehen hatte, weil er ihr aus dem Kreißsaal „weggenommen" und von einer fremden Familie adoptiert worden war. Warum diese Grausamkeit? Weil ihr Vater für meine blutjunge und noch nicht verheiratete Mutter ein anderes Leben vorgesehen hatte. Mit einer ihr von ihm in die Hand gegebenen Pistole hätte sie sich auf der Fahrt zur Entbindung erschießen können. So wurde ich, zumal mein Vater im Krieg geblieben war, Mutters „ein und alles". Die Folgen betrafen nicht nur die Sprache.

Ob ich nicht verbittert sei angesichts der vielen Jahre voller Angst, Scham, Verzweiflung und Einsamkeit? Nein, nicht mehr. Warum nicht? Weil mir aufgegangen ist – und das meine ich keineswegs pathetisch –, dass es *mein* Weg war, den ich gegangen bin, und der mich zu dem gemacht hat, der ich heute bin: ein ziemlich freier Mensch, der sich und das Leben bejaht. Der nach wie vor Dunkelheiten kennt, doch immer tiefer begreift, dass Lebensbejahung bedeutet, das *ganze* Leben zu bejahen, das prächtige ja – das schwierige auch.

Ich selbst bin über meine Entwicklung mehr als dankbar. Sie ist für mich ein Geschenk des Himmels. Ich freue mich, nein: ich genieße inzwischen die Möglichkeit, Menschen mit meiner gewonnenen Freiheit und meiner starken Hoffnung auf Veränderung anstecken zu können. Selbstverständlich genieße ich auch den Fluss meiner Sprache.

18. Unabhängig werden vom Urteil der anderen

Nein, gänzlich unabhängig werden wir von dem, was andere Menschen über uns äußern und was sie von uns halten, nie. Das darf auch nicht sein. Denn wir sind soziale Wesen. Deshalb ist es wichtig, von anderen – sofern sie *freundliche* Kritiker sind! – zu erfahren, was sie an uns wahrnehmen und was die Entfaltung unserer Persönlichkeit fördern könnte.

Wer jedoch emotional *zu stark* vom Urteil anderer abhängig ist, leidet, weil seine Abhängigkeit Folgen hat:

Wie viele Stunden, wie viele Nächte, wie viele Gespräche, wie viele Gedanken kreisen darum, was die oder der andere gedacht, gesagt, nicht gesagt, bemerkt, zwischen den Zeilen angedeutet oder tatsächlich geäußert haben könnte. Wie viel Unsicherheit und Unfreiheit ist das Produkt von Annahmen, Vermutungen, Ahnungen – zu Recht oder nicht zu Recht –, die sich aus Reden oder Gerede anderer entwickeln. Wie viel Bitterkeit, die vielleicht das ganze Leben bestimmt, ist die Folge der Abhängigkeit vom Urteil anderer Menschen.

In der Tat: Die Angst vor dem Urteil der Menschen ist eine der schlimmsten Geißeln der Menschheit. Warum? Weil, wer davon abhängig ist, nicht Ja zu sich sagt, nicht zu sich steht, kein Selbstvertrauen fühlt, seine Unzufriedenheit über das eigene Dasein auf andere projiziert und deshalb die Welt nicht mag, das Leben nicht genießt. Er geht nicht *seinen* eigenen Weg und setzt sich deshalb Masken auf. Doch gibt es Menschen, die ihre Masken irgendwann vergessen, sodass die Maskenträger im Laufe der Zeit weder von anderen noch von sich selbst erkannt werden. Und es gibt Masken, die so schwer geworden sind, dass sie nicht mehr abgesetzt werden können und irgendwann mit dem Gesicht eins werden.

Was kann man gegen die Abhängigkeit vom Urteil der anderen tun? Einige Anregungen zum Nachdenken:

- Welcher Mensch, der sich über Sie ein Urteil anmaßt, kennt Sie so gut, dass er über Sie urteilen *dürfte*?
- Wenn Sie sich ständig vom Urteil anderer abhängig machen, werden Sie irgendwann nicht mehr bemerken, dass Sie ständig tun, was *diese* von Ihnen erwarten.
- Gibt es ein Maß zur Beurteilung eines Menschen? Gibt es einen Menschen, der dieses Maß kennt? Gibt es einen Menschen, der autorisiert wäre, ein solches Maß einem anderen anzulegen? Und gäbe es überhaupt ein Maß zur Beurteilung eines Menschen, dann wäre es dieses: das, was er selbst aus seinem Geschick gemacht hätte.
- Ist Ihnen bewusst, dass reife Menschen mit anderen gütig umgehen? Weniger reife brauchen es, andere zu bewerten, um sich ihrer eigenen Widersprüchlichkeit nicht stellen zu müssen.

19. Vergegenwärtigung starker Erinnerungen

Was wir gefühlvoll erlebt haben, haben wir verinnerlicht. Was wir verinnerlicht haben, geht uns nicht mehr verloren. Davon können wir in den Zeiten leben, in denen wir nach Leben hungern. Davon können wir uns auch ermutigen lassen, wenn wir Mut brauchen und ihn nicht haben. Denn vieles Gute und Schöne, das wir verinnerlicht haben, ist Ausdruck *gelebter Freiheit*. Deshalb lohnt es sich, manchmal die Augen zu schließen und die starken Szenen der alten Zeit wiederkommen zu lassen. Sie könnten zum Beispiel daran denken,

- wie Sie als Schulkind einen schwachen Mitschüler gegen alle anderen verteidigten.
- wie Sie vor vielen Jahren, scheu wie Sie vielleicht waren, ihm oder ihr sagten, wie gern Sie ihn oder sie hatten.
- wie Sie nach der verunglückten Prüfung nicht kapitulierten, sondern wieder aufstanden und laut vor sich hin sagten: „Wohlan, noch einmal!"
- wie Sie bei der Familienfeier auf Bitten Ihrer Freundin sich erhoben und, wenngleich mit hochrotem Kopf, eine kleine Rede hielten.
- wie Sie Ihrem liebsten Feind einmal ungeschminkt „die Wahrheit" sagten.
- wie Sie eine Geldbörse mit mehreren tausend Euros fanden und sie ohne zu zögern bei der nächsten Polizeidienststelle ablieferten.
- wie Sie trotz Ihrer Flugangst aus Liebe zu Ihrem Kind in einen kleinen Flieger stiegen, um mit ihm den Rundflug über die Insel zu „genießen".

Wenn Sie tun, was Sie „eigentlich“ nicht möchten, von dem Sie jedoch wissen, dass „es“ sinnvoll ist, leben Sie Freiheit. Wenn Sie dann in Zeiten, in denen Ihre Freiheit gefragt, Ihr Mut aber gering ist, sich an die früher gelebten Freiheiten erinnern, erwacht in Ihnen dieses starke Gefühl und motiviert Sie neu zu freien Entscheidungen.

20. Frei werden trotz Ungerechtigkeit

Zu den unangenehmen und lästigen Dingen im Zusammenleben der Menschen untereinander gehört die Neigung, aufs Recht zu pochen. Beispiele dafür gibt es so viele, wie es Menschen gibt und wechselnde Situationen. Worum geht es in den zahl- (und heil-) losen Auseinandersetzungen dieser Art? Vor allem um das eine: um das nach Geltung und Bestätigung dürstende kleinliche Ich. Lassen Sie uns dieses unerfreuliche Phänomen näher ansehen:

Menschen fühlen sich ungerecht behandelt: vom Partner/von der Partnerin, von der Familie, vom Nachbarn, vom Kollegen, vom Chef, vom Teamkameraden, vom ... Da sagt etwa der eine zum anderen: „Den Satz habe ich nie und nimmer gesagt." Der andere entgegnet: „Und ob du das gesagt hast. Ich weiß ganz genau, wann das war ..." Sprecher 1: „Wann soll denn das gewesen sein?" Sprecher 2: „Das weißt du nicht mehr? Merkst du gar nicht, dass du dich nur herausreden willst?" Sprecher 1: „Und merkst du nicht, dass du immer, aber auch immer Recht haben willst?"

Ich möchte Ihnen die wahrscheinliche Fortsetzung dieses enervierenden Wortkampfes nicht zumuten, denn er würde nichts anderes als Frustration auslösen: bei Ihnen, bei mir, besonders aber bei den möglichen Kontrahenten. Was geschieht denn da mit und zwischen den beiden?

Beide bestehen darauf, die „Wahrheit" zu sagen. Gemeint ist damit: „Du ‚musst' doch einsehen, dass das, was ich sage, stimmt. Ich sage das Richtige. Du nicht." Deshalb reden sie weiter, streiten sie weiter, reizen einander weiter, wüten und hassen und verlieren nicht nur den anderen, sondern auch sich selbst. Und wahrscheinlich ist, dass beide weit weniger mit der „Wahrheitsfrage“ beschäftigt sind als damit, sich unter allen Umständen gegen den anderen durchsetzen zu wollen.

Was in dieser kleinen verunglückten Gesprächssituation passiert, geschieht in ungezählten Variationen. Ich möchte nicht wissen, wie oft täglich in meiner Stadt, in meinem Land, in Europa um „Recht“ und „Gerechtigkeit“ gestritten wird. Und alle Gespräche *dieser* Art führen nicht zu Friedensabschlüssen, sondern zu Auseinander-Setzungen, führen in die Unfreiheit, ins Unglücklichsein, in die innere Armut, in die Krankheit und manchmal sogar in den Tod. Wir haben es mit einem großflächigen Lebensproblem zu tun, an das wir uns leider gewöhnt haben.

Muss das so sein oder bleiben? Ist das „normal“? Dazu gibt es keine Alternativen? Damit müssen wir uns abfinden? Ob die Freiheit weiterhelfen kann?

Ich bin kein Utopist. Also glaube ich nicht, dass „die Welt“ sich in absehbarer Zeit dem Garten Eden annähern wird. Trotzdem: *Ich selbst* habe seit geraumer Zeit den Wunsch, auf diese Form der Auseinander-Setzung zu verzichten. Und vielleicht ergeht es Ihnen und anderen so wie mir. Doch Änderungen gelingen nur, wenn man weiß, wie ein besserer Weg aussehen könnte. Zweifellos wäre er kein einfacher, weil die Lust an der Selbstbehauptung in uns so stark ist. Es könnte sich jedoch herausstellen, dass er viel attraktiver wäre als die Lust an der permanenten Befriedigung des eigenen „Gerechtigkeitsgefühls“. Wie könnte dieser Weg aussehen?

In den zermürbend verlaufenden Gesprächen gibt es einen „Punkt“, an dem jede Fortsetzung des Gesprächs nur Unheil anrichtet. Wenn der eine nicht aufhört, auf sein sogenanntes „Recht“ zu pochen, und sich der andere kongenial darauf einlässt, stellen sich zwei Fragen. Die erste: Wäre es nicht vernünftig, das Gespräch abzubrechen, weil sich keinerlei mutmachende Perspektive zur Fortsetzung zeigt? In der Tat gibt es solche Situationen, in denen die Vernunft besser als jede andere Instanz in uns weiß, was für uns gut ist und was nicht. Die zweite Frage bezieht sich auf den *anderen* Weg. Der aber würde voraussetzen, dass wenigstens *einer* der beiden bereit wäre, sich anders als bisher zu verhalten. Doch wie?

Ich kann mir vorstellen, dass Ihnen mein Vorschlag keine Begeisterungsstürme entlocken wird. Doch wenn wir nicht irgendwann damit beginnen, neue Kommunikationsmuster als die bisherigen zu erproben, werden wir keine neuen Friedenswege finden. Also:

Sie sitzen einem Menschen gegenüber und merken, wie Sie beide bereits nach kurzer Zeit weit voneinander entfernt sind. Dass sich zwischen Ihnen keine Brücke zeigt. Dass sich in Ihnen nicht nur Zorn und Wut entwickelt, sondern auch das Gefühl der *Ohnmacht*. Und da ist der Punkt, an dem die Beziehung so wie bisher nicht weitergeht.

Wie wäre es, wenn Sie an diesem Punkt dem anderen *nicht mehr zuhörten*, sich ganz aus dem Wortstreit herausnähmen und nur noch das *Gesicht* des anderen, seine *Haltung*, ihn in seiner ganzen *Gestalt* wahrnähmen? Wenn Sie ihn auf sich wirken ließen? Wozu? Um hinter den Worten den *anderen* Menschen sehen zu können. Den, der nicht so ist wie der hier anwesende Aufs-Recht-Pocher. Den, der sich jetzt genauso unwohl fühlt wie Sie in dieser Situation. Wichtig wäre nur, sich für das neue Wahrnehmen Zeit zu nehmen.

Die Frage ist nur, ob Sie frei genug wären, auf den Streit verzichten – ob Sie frei genug wären, nicht mehr ums „Recht“ kämpfen zu wollen? Ob Sie frei genug wären, Ihren eigenen Selbstbehauptungstrieb zu humanisieren und ganz unkonventionell, gegen alle üblichen Verhaltensmuster den Versuch zu wagen, auf Ihr vermeintliches Recht zugunsten des Friedens zu verzichten?

Davon bin ich überzeugt: Wenn einer sich entschließt, dem anderen in wohlwollender Freiheit entgegenzukommen, verändert sich die Beziehung, auch wenn der andere dieses Entgegenkommen in keiner Weise „verdient“ hat. Und nicht nur die Beziehung verändert sich, sondern auch, wenn auch nicht immer und nicht immer gleich, der andere. Recht, Gerechtigkeit, Wahrheit sind nicht das Größte im Leben. Was „größer" wäre? Frieden oft, Güte gewiss, Liebe immer.

Alles kommt darauf an, welche Ansprüche Sie und ich an die Qualität unseres Lebens stellen, welches Maß an Kultur wir für uns und unsere Mitwelt beanspruchen, was wir uns an Menschenliebe zutrauen – ob unsere Freiheit nur antrainiert ist oder tief verwurzelt im Bereich des unbewussten Geistes. Martin Buber hat einmal gesagt, die Erfahrung von Sinn hänge wesentlich von der Mensch-Mensch-Beziehung ab. Wenn das so ist – und daran zweifle ich nicht –, fordert die Verantwortung die Freiheit dazu heraus, viel mehr als bisher zur unkonventionellen Verständigung beizutragen.

21. Freier werden gegenüber Menschen

Wenn ich mit einem Menschen spreche, kann ich denken, dass er mich ablehnt, dass er mich für unintelligent hält, dass er meine Unwissenheit bemerkt, dass er meine Angst spürt, dass andere mich bei ihm „schlecht gemacht" haben, dass der andere mit mir nichts zu tun haben will, dass er froh ist, wenn er sich endlich von mir verabschieden kann. Wenn ich mit einem Menschen spreche, habe ich die Möglichkeit, um all das zu kreisen, was ich nicht bin, nicht habe, kann, nicht kann, worin ich unfrei bin.

Wenn ich mich anderen gegenüber tatsächlich so verhalte, sehe ich nur *mich*, nehme ich nur das wahr, was in *mir* vorgeht, bin ich nur mit *meinem* Denken und Fühlen befasst: mit *meinen* Sorgen, Ängsten, Befürchtungen, Aggressionen, Erfahrungen, mit meinen vordergründigen Eindrücken. Und das hat Folgen: Ich erfahre so gut wie nichts von meinem Gegenüber. Zwischen ihm und mir tut sich eine tiefe Kluft auf. Es ist, als lebten wir in zwei verschiedenen Ländern. Deshalb werde ich durch eine solche „Begegnung" nicht nur nicht bereichert. Ich bestätige mich in meiner „Vermutung", dass ich nichts bin, nichts habe, nichts kann, dass man mich nicht mag. Was ich da erlebe, ist pure Unfreiheit.

Andererseits: Wenn ich mit einem Menschen spreche, kann ich ihm *auch* zuhören, ihn anschauen, auf seine Blicke und Gebärden achten, seine Andersartigkeit wahrnehmen. Ich kann mich für ihn interessieren, darauf hoffen, dass er mich mag, von mir etwas hören möchte, mir gegenüber offen ist, mir gut ist. Ich kann zu glauben wagen, dass er mich nicht vor dem Hintergrund meiner vielleicht schwierigen Vergangenheit ansieht und beurteilt.

Kurzum: Es gibt kein besseres „Mittel“, mit einem Menschen gut zurechtzukommen, ihm gegenüber frei zu sein als dieses: *ihn* oder *sie* sehen und verstehen zu wollen.

Immer wieder einmal denke ich an einen jungen Mann, der in einer Selbsterfahrungsgruppe litt. Er ärgerte sich über sein sprachliches Unvermögen. Er begriff auch nicht, was in den anderen vorging. Er fühlte sich zu wenig beachtet. Er fühlte sich „total unfrei“. Da kam ich auf eine Idee: Ich schlug ihm vor, er möge während der gesamten nächsten Sitzung kein Wort sagen und nur auf die anderen achten: Auf das, was sie sagten, was sie vielleicht fühlten, darauf, ob jemand verletzt oder einem anderen etwas Wichtiges aufgegangen sei, mit einem Wort: Er möge sich nicht um sich selbst kümmern, sondern über sich selbst hinaus sehen und nur auf die anderen Teilnehmer achten.

Meinen Vorschlag nahm er alles andere als begeistert auf. Doch nach jener Sitzung kam er zu mir, strahlte, suchte nach Worten, sagte dann, er habe da etwas für ihn ganz Wichtiges begriffen.

22. Sich nicht zu wichtig nehmen

Eine alte Fabel erzählt: Ein Vogel lag auf seinem Rücken und hielt beide Beine starr gegen den Himmel gestreckt. Ein anderer Vogel kam vorüber und fragte verwundert: „Warum liegst du so da? Und warum hältst du deine Beine so starr?“ Da antwortete der erste Vogel: „Ich trage den Himmel mit meinen Beinen. Wenn ich losließe und die Beine anzöge, würde der Himmel herabstürzen.“ Kaum hatte er das gesagt, da löste sich ein Blatt vom nahen Eichbaum und fiel leise raschelnd zur Erde. Darüber erschrak der Vogel so sehr, dass er sich geschwind aufrichtete und spornstreichs davonflog. Der Himmel aber blieb an seinem Ort.

Ach, wie befreiend wäre das, wenn wir uns nicht mehr so wichtig nähmen. Wenn wir nicht mehr so viel Energie darauf verschwendeten, bedeutsam sein zu wollen. Wenn wir aufhörten, uns ständig mit anderen zu vergleichen. Wenn wir weniger Angst vor der Meinung und dem Urteil der anderen hätten. Wenn wir uns weniger zu sorgen brauchten, was „die Welt“ von uns denkt!

Wer sich selbst nicht zu wichtig nimmt, hat ein gutes Augenmaß für die Tatsache, dass der Mittelpunkt der Welt nicht dort ist, wo er sich gerade befindet. Er weiß, dass außer ihm auch andere bewundernswert und liebenswert sind. Er nimmt sie (fast) so wichtig wie sich selbst, was in aller Regel dazu führt, dass man ihn mag, vielleicht sogar liebt. Ein solcher Mensch spart auch Energie, weil ja nichts anstrengender ist als die ständige Sorge darum, ob die gewünschte Mittelpunktstellung weiterhin stabil bleibt.

Während ich diese Sätze schreibe, geht mir auf, wie gut sie mir tun, wie mein Atem freier wird, wie bekömmlich es sein könnte, so zu leben. Deshalb lese ich auch immer wieder gern die Sätze Lutz Müllers: „Ich bin, der ich bin. Ich will niemand anders sein.

Ich versuche nicht klüger, reicher, geistvoller, attraktiver oder selbstsicherer zu sein, als ich jetzt bin. Ich muss nicht von allen geliebt und bewundert werden." Dann fährt er fort: „Ich kann es auch aushalten, dumm, lächerlich und fehlerhaft zu erscheinen. Die Welt wird dadurch nicht untergehen. Ich bin bereit, die Überlegenheit und Mittelpunktstellung des anderen anzunehmen, und kann mich selbst mit solchen Ansprüchen in Ruhe lassen."[12]

Nun, zu solcher Meisterschaft in der Selbstbescheidung werde ich es nicht bringen, doch locken mich die Worte dieses Autors, so weit wie möglich auf Masken zu verzichten, klarer zu sagen, was ich denke, mehr zu zeigen, was ich empfinde und fühle – und vor allem weniger bedeutsam sein zu wollen.

12 Lutz Müller: Suche nach dem Zauberwort. Identität und schöpferisches Leben, Stuttgart 1986, S. 71

23. Herausforderungen annehmen

Manches, was sich um uns herum verändert, ist zunächst bedrückend: Der eine verliert die Arbeit, der andere den Partner. Der dritte leidet, weil ihn beruflich die technischen Neuerungen überfordern, der vierte, vielleicht eine Frau in den Fünfzigern, trauert, weil ihre großen Kinder das Haus verlassen haben und sie nun keine Aufgabe mehr zu haben scheint. Selbstverständlich werden die meisten Menschen solche oder ähnliche Veränderungen zunächst nicht gerade selbstbewusst parieren, besonders dann nicht, wenn sie das Lebensgefüge empfindlich stören und die vertraute Ordnung betreffen.

Wer aber begreift, dass es zum *Wesen* des Lebens gehört, dass es dynamisch verläuft und daher eine ständige Herausforderung ist –, wer begreift, dass die Lebendigkeit des Lebens wesentlich vom Grad seiner Dynamik abhängt –, wer begreift, dass es zum Erwachsensein gehört, sich gegen ein Übermaß an Klage und Selbstmitleid zur Wehr setzen zu müssen –, wer dieses Leben mit seinem Wechselspiel von beglückenden und weniger beglückenden Ereignissen so annimmt, wie es nun einmal ist, wird im Lauf der Zeit immer zuversichtlicher und gelassener werden. Er wird an Selbstvertrauen gewinnen. Er wird die ihn überraschende Erfahrung machen, dass es sogar ein gewisses Vergnügen bereiten kann, den Widerständen nicht nur zu trotzen, sondern sie zu überwinden – und das immer wieder. Er wird erfahren, dass er von anderen weniger angegriffen wird, weil er ihnen weniger Angriffsflächen bietet.

Deshalb gilt es, Herausforderungen anzunehmen. Das heißt konkret? Ärger, Wut und Niedergeschlagenheit in Grenzen zu halten. Vor unangenehmen Situationen, wenn es irgendwie geht, nicht wegzulaufen, sondern ihnen standzuhalten. Denn mit jedem Sichstellen, Standhalten, Nichtausweichen angesichts der Forderungen, die uns das Leben zumutet, machen wir die Erfahrung *gelebter*, und nicht nur erwünschter Freiheit.

Ein kleiner Tipp am Rande: Wenn ich selbst wieder einmal bemerke, dass mir „alles zu viel wird“, dass ich mich vom Leben beleidigt und mich klein fühle, hilft mir jedes Mal der Imperativ: „Kein tragisches Gebaren!“

24. Widerstandskraft entwickeln

Seit geraumer Zeit spricht man in der Psychologie von *Resilienz* (Widerstandskraft, Spannkraft). Resilienz meint die Stärke eines Menschen, Lebenskrisen wie etwa schwere Krankheiten, lange Arbeitslosigkeit, Scheidungen, Tod nahestehender Menschen, wirtschaftliche Engpässe gut durchstehen zu können.

Der Resiliente hat ein realistisches Verhältnis zur Wirklichkeit. Er muss nicht immer alles anders haben wollen: Ehe nicht, Kinder nicht, Beruf nicht, Karriere nicht. Ja manchmal scheint es, als habe er geradezu eine geheime Lust daran, angesichts seiner Anfechtungen seine Widerstandskraft erproben zu können.

Resilienz ist die Fähigkeit, sich zur Wehr setzen, Schwierigkeiten meistern, Rückschläge aushalten, Herausforderungen annehmen zu können. Resilienz ist die Fähigkeit, sich das Beste nicht nehmen zu lassen: die innere Freiheit. Der Resiliente hat begriffen, dass nicht die Tatsachen unser Leben bedrängen, uns unfrei machen, uns Glück und Sinn nehmen, sondern unsere *zögerliche, defensive, resignative Lebenseinstellung*. Nicht die Arbeit, nicht der Konflikt, nicht die Krise, nicht die Krankheit, nicht das, was uns fehlt, nicht das, was uns „das Schicksal" vorenthält, nicht diese Zeit, nicht diese Welt, sondern die Art unserer Reaktion darauf bestimmt, wie wir unser Leben *finden* (finden!).

Welche Befreiung liegt in dieser Erkenntnis! Welche Ermutigung geht davon aus! Es liegt primär an uns, wie unser Leben verläuft. Nicht primär an den Umständen. Es liegt an uns, ob wir und wie wir unser Leben *führen*. Es liegt an uns, ob wir uns von den uns bedrängenden Tatsachen vernaschen lassen oder nicht.

Wie gelangt man zur Resilienz?

Ich denke, dass Sie im Lauf der Lektüre schon einige Antworten darauf gefunden haben, so auch im letzten Abschnitt. Lassen Sie es mich jetzt so sagen: Resilient ist, wer auf die Frage, ob er Ja, Jein oder Nein zum Leben sagt, ein eindeutiges Ja als Antwort gibt.

Sage ich – mehr oder weniger – *Nein* zu mir, dann lehne ich *mich selbst* ab, dann bin ich gegen mich, dann will ich mich nicht, dann bin ich nicht mein Freund, dann lasse ich mich links liegen. Und weil aus Selbst-Sicht Welt-Sicht wird, sehe ich auch nichts Gutes im Leben. Wer Nein zu sich sagt, verhält sich destruktiv, nicht konstruktiv. Er liebt weder sich noch die Welt, in der er lebt. Wer Nein zu sich sagt, verliert immer mehr Kraft, die er für das Leben dringend bräuchte.

Nicht wenige Menschen dieser Zeit sagen weder Nein noch Ja zu dem ihnen geschenkten Leben. Sie sagen *Jein*. Wer aber sich selbst weder bejaht noch verneint, begeistert sich nicht für Leben, er hasst es auch nicht. Er ist sich selbst fern und deshalb auch dem Leben. Ihm fehlen die großen Gefühle. Wie sollte ein solcher Mensch mit ernsthaften Problemen fertigwerden können?

Und was ist, wenn man *Ja* zu sich sagt? Dann geschieht das Gegenteil von dem, was soeben von dem Verneiner und Verjeiner gesagt wurde. Wenn ich mich bejahe, dann achte ich mich selbst, dann vertraue ich mir selbst, dann nehme ich mich an, dann vertraue ich auch anderen und dem großen Leben, dann sucht und findet mein Blick das *Gold* im Geröll der Mine. Dann bin ich *stark*, weil ich aus meiner Mitte heraus lebe. Dann trete ich *entschieden* für mich ein. Dann ist für mich nicht entscheidend, *was* auf mich zukommt, sondern das, *wie* ich auf die wechselnden Situationen eingehe: verbissen, verärgert, deprimiert, angstvoll – oder geduldig, standhaft, frei, mich daran erinnernd, dass Freiheit mehr ist als ein Wort, nämlich die *auch mir* geschenkte Fähigkeit, aus dem, was mir begegnet, das Beste machen zu können.

Und wie komme ich dazu, Ja sagen zu können? Meine Antwort wird Sie wahrscheinlich nicht gleich zufriedenstellen. Sie wirkt einfach, verlangt aber das Beste von Ihnen: Wer zu sich und zum Leben Ja sagen möchte, muss (!) sich für Leben *entscheiden*! Wofür entscheiden? Für das, was auf ihn zukommt. Auch für das, was er nicht will? Auch dafür. Und warum? Weil in fast allem, was lebt, Sinn verborgen ist, auch wenn man ihn nicht gleich erkennt. Schließlich: Einen guten Lebenslauf gut bis fabelhaft zu finden, ist leicht. Lebenskunst aber beginnt erst dann, wenn ich dazu bereit bin, das mir Begegnende, was es auch sei, wertvoll werden zu lassen.

Und wie gelange ich zu dieser heroisch anmutenden Haltung, werden Sie fragen.

Dadurch, dass ich mich so weit wie möglich *ungeteilt*, also mit ganzem Herzen auf das ausrichte, was ich hier und jetzt erlebe, denn alles Leben will angenommen, nicht abgestoßen werden. Um diese Einstellung tatsächlich verwirklichen und durchhalten zu können, hilft eine Frage weiter, deren Wert mir immer deutlicher wird: *Was will mir das* (dem ich begegne und das mir womöglich überhaupt nicht gefällt) *sagen?* Die Antwort erschließt sich allerdings nur dem, der sich für das „Gute“ offen hält. Und warum sollte er das tun? Weil jede Idee die *Tendenz* hat, sich zu verwirklichen!

25. Offen bleiben für das, was kommt

Vieles, was wir haben und behalten möchten, geht wieder verloren: Geld und Geltung, Jugend und Liebe, Partner und Freunde, Gesundheit und Schönheit und vieles andere mehr. Etliches um uns herum verändert sich. Das jedoch, was uns gewiss bleiben könnte, ist die jedem Menschen gegebene Freiheit, sich den Wandlungen und Veränderungen gegenüber offen zu verhalten und offen zu bleiben. Warum ist das so wichtig? Weil wir *in* der Zeit leben und deshalb nicht über den Rand der Zeit hinaussehen, also nichts im Voraus wissen können – weil nicht nur wir selbst unser Leben bestimmen, sondern auch unsere Mit-Welt darauf Einfluss nimmt, und keineswegs immer nur im Schlechten.

Wo etwas werden soll, entstehen Wirbel. Das ist in der Natur so, das ist im menschlichen Leben so. Wachstum ist Bewegung. Und wenn es in uns selbst und um uns herum wirbelt, sind vielleicht jene Kräfte am Werk, die unsere eigentliche Persönlichkeit herausbilden wollen. Sollte deshalb jemand unter uns sein, der dazu neigt, angstvoll in die Zukunft zu sehen und sich damit die Sicht für mögliches Glück zu verstellen, gebe ich ihm gern den Satz eines alten Mannes weiter, der für mich ganz kostbar geworden ist. Er stammt aus einer alten chinesischen Geschichte:

Ob etwas, was uns begegnet, ein Unglück ist oder ein Segen, weiß ich nicht, weil ich nicht weiß, was folgen wird. Das Leben kommt in Augenblicken, und mehr bekommen wir nie zu sehen.[13]

Offen bleiben wofür?

---

13 Die ganze Geschichte finden Sie in: Worauf es ankommt, S. 154 f.

- Offen bleiben für das, was aus den *Kindern* wird, auch dann, wenn sie gegenwärtig nur im Strom der Zeit zu schwimmen scheinen. Denn niemand von uns weiß, welche Erfahrungen sie brauchen, wenn sie einmal erwachsen sind.
- Offen bleiben, wenn die *Krise der mittleren Jahre* all das hinwegzuspülen scheint, was wir uns vom Leben erdacht oder erträumt haben. Denn niemand von uns weiß, ob die Krise sich zur Gefährdung – oder zur *Chance* entwickeln wird, sodass wir tiefer noch als bisher mit dem Leben verbunden werden.
- Offen bleiben auch mit Blick auf *die späteren Jahre*, wenn die Zeit abnimmt und die graue Sorge zunimmt. Denn niemand von uns weiß, ob die Tage, die uns dann verbleiben, Tage der Leere oder der Fülle sein werden.
- Offen bleiben gegenüber den *Wandlungen und Veränderungen* und also loszulassen, zum Beispiel:
  - Den Hader, den Groll, die Wut, die Bitterkeit angesichts der Verletzungen aus alter Zeit – denn solange ich dies alles nicht loslasse, wird die mögliche Lust am gegenwärtigen Leben durch die Last des vergangenen niedergehalten.
  - Bestimmte Vorstellungen, wie mein Leben hätte verlaufen sollen oder lang gehegte Träume, auch die, die – vielleicht – erfüllbar gewesen wären, denn solange ich sie nicht loslasse, übersehe ich das Glück, das sich hier und heute zeigen möchte.
  - Die Ansprüche und Forderungen, es solle gerecht zugehen in der Welt, denn solange ich diese Ansprüche und Forderungen nicht loslasse, verlange ich eine Weltordnung, die es nun mal nicht gibt.
  - Schließlich auch den tiefsten aller Wünsche, nicht sterben zu müssen. Denn wenn ich diesen Wunsch nicht loslasse, versäume ich es, das Gold in der mir geschenkten Zeit zu finden.

- Offen bleiben auch für die Entwicklung des Landes und der Welt, in dem und in der wir leben. Denn Leben ist Geschichte, und niemand weiß – das zeigt auch die Geschichte der Vorhersagen ach so kluger Leute –, wie sie in Wirklichkeit verlaufen wird. Und – vielleicht, wahrscheinlich, gewiss – gibt es auch einen, der sie von einem höheren Standort aus lenkt.

Dies und vieles andere mehr *loszulassen* und für Leben *offen zu bleiben* bedeutet: ins Leben einzuwilligen, wie es nun einmal ist, offen für das zu sein, was das Leben an sinnstiftenden Neuerungen für uns bereithält. Bedeutet: Frei zu sein.

26. Sich verändern können

Nun höre ich Stimmen, die meinen: Trotz alledem, was Sie da positiv sagen: Sehen Sie mich an, wie ich aussehe. Oder: Ich gehöre leider nicht zu den Intelligentesten. Oder: Ich habe so viel Schlimmes in der Kindheit erlebt. Diese Wunden werde ich nicht los. Oder: Ich bin schon ein Leben lang unsicher. Da kann man doch nichts mehr ändern. Oder: Mein ganzes Leben ist nichts anderes als eine Kette von Scheitern. Oder: Ich habe so viel Schuld auf mich geladen. Oder: Ich bin doch schon zu alt, um jetzt noch Selbstvertrauen lernen zu können.

Wer so redet, vergisst, dass Mangel an Selbstvertrauen kein bleibendes Schicksal ist.

Er weiß nicht oder hat vergessen, dass wir viel reicher sind und weit mehr Reserven haben, als die meisten wissen. Fragen Sie zum Beispiel die neue Wissenschaft der Neurobiologie!

Zu den Einwänden:

1. *Sieh mich an, wie ich aussehe.*
Nicht das äußere Gesicht sagt etwas aus über die Schönheit des Wesens, sondern das innere Gesicht. Ich meine damit die Seele. Deshalb frage ich: Wer von Ihnen kennt nicht Menschen mit einer faszinierenden Ausstrahlung, deren äußeres Gesicht alles andere als wohlgeformt ist? Andererseits gibt es schön aussehende Gesichter, die bei näherer Betrachtung nicht gerade seelische Attraktivität widerspiegeln.

2. *Ich bin nicht so intelligent.*
Es ist ja schön, intelligent zu sein. Wer intelligent ist, kann flott denken. Er übersieht leichter als manch anderer geistige oder

technische Zusammenhänge. Nur – das, was einen Menschen kostbar und wertvoll macht, ist nicht zuerst Intelligenz, sondern *Herzensbildung*. Sie ist ein besonderer Wert. Warum? Weil Herzensbildung Ausdruck des Wohlwollens dem Leben gegenüber ist, gegenüber dem eigenen und dem Leben überhaupt. Und schließlich: Nicht auf das flotte Denken kommt es an, sondern auf das *tiefe*!

3. *Ich habe so viel Schlimmes in der Kindheit erlebt. Diese Wunden werde ich nicht los.*

Zweifellos kann eine schlimme Kindheit ein Menschenleben stark eindunkeln. Nur – schicksalhaft ist das auf Dauer nicht! Warum nicht? Weil kein Mensch mit seinem Problem identisch ist, weil jeder immer mehr ist als sein Problem – weil durch eine schlimme Kindheit die stärkste Kraft im Menschen, die Freiheit, zwar eingeengt, aber nie und nimmer abgetötet worden ist. Deshalb kommt es darauf an, sie, diese stärkste Kraft, aus ihrer Verborgenheit zu befreien. Dass das möglich ist, geht hoffentlich aus jeder Zeile dieses Buches hervor. Und bitte bedenken Sie: Ein Mensch, der nicht gelitten hat – was weiß der schon?

4. *Ich bin schon so lange unsicher. Da kann man doch nichts mehr ändern.*

Sie könnten so, nämlich deprimiert und unsicher, weiterleben wie bisher. Und zweifellos gäbe es auch für Sie nicht nur trübe Tage. Sie würden Ihr Leben auch nicht sinnlos nennen müssen. Nur – kann es sein, dass Sie sich so an Ihr Lebensgefühl gewöhnt haben, dass Sie sich eine andere Art zu leben gar nicht mehr vorstellen können?

Gern würde ich Sie dazu überreden, sich hin und wieder auf eine meiner Lieblingsübungen einzulassen, auf die Frage nämlich: *Was wäre, wenn ich fortan sicher und gelassen durch meine Tage gehen würde?* Eine tägliche Kur von 10 bis 15 Minuten über einen längeren Zeitraum könnte Ihre Lebensgeister neu in Bewegung bringen. Wozu das helfen könnte? Darf ich den bereits genannten Satz wiederholen? Jede Idee hat die Tendenz, sich zu verwirklichen.

5. *Mein ganzes Leben ist eine Kette von Scheitern.*
Was wollen Sie damit sagen? Dass Scheitern Ihr persönliches Lebensgesetz ist? Dass Sie *immer* gescheitert sind? Dass es nichts gibt, worauf Sie stolz sein können? Dass Sie aus Ihrer Außenseiterrolle nicht mehr herauskommen werden? Dass Sie immer wieder scheitern werden?

Trifft es denn zu, dass Scheitern Ihr *Schicksal* war? Sie selbst waren daran nicht beteiligt? Doch wenn Sie daran beteiligt waren – was spräche dagegen, diese Kette des Scheiterns jetzt zu beenden?

6. *Ich bin viele Male schuldig geworden.*
Statt einer eigenen Antwort lesen Sie bitte den außerordentlich befreienden Text eines großen alten Mannes, der viel vom Leben wusste: „Niemand hat sich sein Schicksal ausgesucht, sein Wesen, seine Schwächen, seine Neurose oder seinen brüchigen Charakter und all seine Gespaltenheit. Niemand hat sich die Grenzen seiner Kraft selbst verordnet. Wir erleiden alle ein Leben, das uns ein anderer bereitet hat, und es hat keinen Sinn, dass wir uns selbst oder einander die Schuld daran aufbürden."[14]

Ähnlich tröstete der große französische Religionsphilosoph Blaise Pascal, der sagte, jeder Mensch sei ein König, auch wenn sein Purpurmantel zerschlissen und verkommen sei. Seine Bestimmung bleibe ihm, wie immer er auch sein Leben verfehle. Diese Sätze sind *nicht* befreiend?

---

14 Jörg Zink: Atem der Freiheit. Vom Leben im Offenen, Stuttgart und Zürich 2002, S. 59

7. *Ich bin doch schon zu alt, um noch etwas ändern zu können.* Ich bin davon überzeugt, dass wir dazu herausgefordert sind, uns zu wandeln, uns zu verändern, bis der Tod uns von dieser Aufgabe entbindet. Und das ist, nebenbei gesagt, äußerst gesund. Statt zu theoretisieren, möchte ich Ihnen von einer alten Dame erzählen, die mich auf höchst eindrucksvolle Weise dazu ermutigt hat, für die Weiterbildung der Persönlichkeit auch im Alter zu werben:

Ich hatte an einer Seniorenakademie ein Seminar zu halten. Unter den Teilnehmern war eine Dame mit schlohweißem Haar. In einer Pause kamen wir ins Gespräch, in dem sie sagte, nun, mit 70 Jahren, sei sie endgültig glücklich. Da ich sehr viel jünger war als heute, unterlief mir ein Fehler: Ich fragte sie, ob sie nicht ein wenig traurig sei, dass sie erst jetzt diesen famosen Stand erreicht habe. Da blitzte sie mich, nicht frei von Zorn, an und sagte: „Ich habe Ihnen doch gesagt, dass ich glücklich bin."

Kurz darauf saßen wir abends in einem Raum, in dem ein Klavier stand. Ich begann auf dem Instrument zu klimpern, und da ich bemerkte, dass die älteren Damen auf mein Spiel aufmerksam wurden, spielte ich einen Tango. Da erhob sich die 70-jährige Dame, nahm Tango-Haltung an, wobei ihr Kinn leicht zitterte, und begleitete meinen Tango mit einem furiosen Tanz. Ich habe von der Frau viel gelernt.

Nun könnte der eine oder andere von Ihnen denken, man solle sich nicht ständig mit sich selbst beschäftigen, denn das mache doch egoistisch. Das trifft zu, allerdings nur dann, wenn man Egoismus mit Selbstannahme verwechselt. Und dazu sagt kein Geringerer als der derzeitige Papst – allerdings zu einer Zeit, als Deutschland noch nicht Papst war: Der *Egoismus* sei natürlich und also ganz von selbst da. Ihn müsse man überwinden. Die *Selbstannahme* dagegen sei etwas Geistiges, sie *müsse* man suchen und finden. Er fährt fort: „… es gehört gewiss zu den gefährlichsten Fehlern christlicher Pädagogen und Moralisten, dass sie nicht selten beides verwechselt und dabei das Ja zu sich selbst ausgetrieben, den Egoismus als die Rache des verleugneten Selbst aber nur um so gründlicher bestärkt haben …"[15] Sich selbst annehmen – dazu eine kleine, aber aller Erfahrung nach wirksame Hilfe:

Wir sind bekanntlich so beschaffen, dass wir uns selbst nicht sehen können. Nur der Spiegel macht es möglich, dass wir unserer selbst ansichtig werden. Und das geschieht bekanntlich täglich. Wenn Sie nun in den Spiegel schauen, könnten Sie sich gleichgültig ansehen, Sie könnten sich die Zunge rausstrecken etc. – Sie könnten sich aber auch wohlwollend ansehen, sich anlächeln und sich ein aufmunterndes Wort gönnen. Sollten Sie sich auf dieses durchaus nicht künstliche Ritual einlassen, würden Sie sich wundern, welche Wirkung von ihm ausginge.

---

15 Joseph Ratzinger: Theologische Prinzipienlehre, München 1982, S. 82

27. Liebe macht frei

Ich habe einen Traum. Einen größeren als diesen habe ich nicht. Keinen Nachttraum, sondern einen, mit dem ich bewusst durch das Leben gehe. Meine Vernunft sagt mir, er werde niemals wahr werden. Denn der Mensch – und auch ich selbst – sei gar nicht dazu in der Lage, ihn wahr werden zu lassen. Nicht nur wegen meiner und unserer Neigung, zu viel um uns selbst zu kreisen, mehr noch aus einem anderen Grund: wegen unserer *Kleingläubigkeit*, also wegen unseres Mangels an Glauben daran, dass Träume Wirklichkeit werden können. Und mir scheint, dass darin überhaupt unser größtes Problem liegt:

Dass wir nicht groß genug von uns denken, von dem, wer wir in Wahrheit sind und welche Begabungen und Fähigkeiten wir in uns tragen.

Dass wir zwar eine Ahnung von den weiten Räumen unserer Seele haben, in denen das auf uns wartende Leben liegt, doch es nicht wagen, dieser großartigen Ahnung nachzugehen.

Dass wir uns viel zu viel in Beschlag nehmen lassen von unseren Sorgen, Ängsten, Bedürfnissen, Eitelkeiten, Trieben unterschiedlichster Art, unserer Seinsfaulheit, jener fatalen Möglichkeit – ich erwähnte sie schon –, an unseren *Lebenstagen* vorbeizuschlafen, und nicht zuletzt von unserem sogenannten Realitätssinn, der bestimmt, was sein darf und was nicht, worauf wir hoffen können und worauf nicht, der auf seine Erfahrungen pocht und dabei vergisst, dass sich Erfahrungen immer nur auf altes, nie auf neues Leben beziehen.

Nein, mir liegt keineswegs daran, mich und uns wegen all dieser selbstgezimmerten Barrieren anzuklagen. Das wäre ja eine weitere Möglichkeit, der größten aller menschlichen Möglichkeiten, der *Liebe* – und natürlich meine ich sie mit meinem Traum – aus dem Weg zu gehen. Ich will nur andeuten, dass die Barrieren nicht schicksalhaft notwendig sind und also keineswegs unüberwindbare Mauern darstellen, den Traum Wirklichkeit werden zu lassen. Wie sähe er denn aus, dieser Traum?

- Wir würden begreifen, dass es neben der Freiheit einen Wert gibt, der nicht erkannt, nicht verstanden, nicht durchdacht, nicht begriffen, nicht reflektiert, sondern *gelebt* werden will: die Liebe. Dann aber, wenn wir sie lebten, würden wir begreifen, dass sie stärker ist als alles, was uns kleinzumachen droht, dass nichts unsere Seele so ausfüllen würde wie sie, dass nichts und niemand Menschen so leicht zusammenführen würde wie sie, dass nichts die Realität so radikal in Wirklichkeit verwandeln würde wie sie, dass nichts alle anderen spezifisch menschlichen Werte, vor allem die Freiheit, so sehr beleben würde wie sie, dass nichts uns so unmittelbar den Zugang zum Himmel aufschließen würde wie sie.
- Wir würden auch eine liebevolle Verantwortung für diese Welt verspüren, nicht nur für Menschen, auch für das Leben überhaupt in seinen vielfältigen Erscheinungsformen: für die Berge und Flüsse, für die Wälder und Wiesen, für die Tiere und Pflanzen, für das Klima und all das, was es begünstigen könnte. Es würde uns siedend heiß aufgehen, dass die Welt uns im Großen wie im Kleinen permanent Fragen stellt, auf die wir selbst konkrete Antworten zu geben haben. Vor allem die eine: Liebst du mich, liebst du uns?

Nein, nennen Sie mich nicht einen Schwärmer! Täten Sie es, hätten Sie mich nicht verstanden. Es geht doch um meinen *Traum*, von dem ich allerdings glaube, dass er wirklich werden könnte. Und fragen Sie mich nach meinem stärksten Grund für diese Hoffnung, so antworte ich: Nichts verbindet uns mehr als die Sehnsucht nach Frieden, nicht nach einem neutralen, sondern einem stark-liebevollen. Selbst die robustesten Gemüter werden still, bekommen feuchte Augen, wenn ihnen in einer leisen Stunde aufgeht, dass auch sie sich nach nichts mehr sehnen als danach.

Mag schon sein, wenden Sie vielleicht ein, aber wie und *wodurch* soll er erreicht werden?

Ginge uns Normalsterblichen *und* den führenden Köpfen der Länder auf, dass in uns allen die gleiche Sehnsucht nach Frieden auf Verwirklichung wartet, nähmen wir uns Zeit, diese Erkenntnis zu *verstehen*, entwickelten wir hinreichend Realitätssinn – hier wäre er in der Tat angebracht! –, um nüchtern die sich entwickelnden Widerstände vorauszusehen und so weit wie möglich zu überwinden, ließen wir nicht ab von unserer Sehnsucht, dann hätten wir gewiss kein Paradies auf Erden, vielleicht aber Gesellschaften und Staaten, in denen Menschen menschenwürdig leben könnten – *mehr als bisher*. Und wenn schon dieser Zustand nicht erreicht werden könnte, so gewiss doch ein anderer: dass Sie und ich und Menschen in unserer Umgebung mehr als bisher wohlwollend miteinander umgehen würden.

Sollten Sie nach diesen anscheinend doch schwärmerischen Zeilen dieses Buch unwillig aus der Hand legen wollen, so bitte ich Sie, mit dem Zulassen Ihrer Resignation oder Ihres Ärgers noch etwas zu warten. Denn ich möchte Sie noch fragen, was Sie Besseres als diesen Traum anzubieten haben? Eine „realistische Sicht der Dinge“? Eine scheinbar entlastende „Philosophie des Nichts“? Einen Rückzug ins Private?

Gäben Sie mir diese oder eine ähnliche Antwort, käme ich auf die Idee, dass Sie das eigene und das große Leben nicht genug lieben. Auf diese Idee käme ich auch, wenn Sie zu den vielen gehörten, die sich *gegen ihre eigene Ahnung* wehren, dass die Liebe weit mehr ist als ein bekömmliches Gefühl, sondern die stärkste Macht im Leben überhaupt, der einzige Wert, auf dessen Realisierung wir nicht verzichten dürfen – ein Wert, der das Zeug dazu hat, die Welt so zu verändern, dass wir durch sie freier leben könnten.

Manchmal packt mich ein gar nicht heiliger Zorn, wenn mir wieder einmal aufgeht, dass wir technologische Weiterentwicklungen für selbstverständlich, dagegen Gedanken an Entwicklungen im humanen Bereich für eine Farce halten. Kann es sein, dass wir nicht nur die Macht der Liebe, sondern auch die Macht der Freiheit *unterschätzen*?

28. Frei werden von Lebensangst

Wahrscheinlich ist Lebensangst das Gefühl, das uns wie kein anderes die Wonnen der Freiheit vermiest. Es ist das Gefühl, das uns wie kein anderes daran hindert, mit uns identisch zu werden. Das uns wie kein anderes daran hindert, das zu tun, wovon wir wissen, dass es uns glücklich macht. Das uns daran hindert, mit aufrechtem Gang durch diese Welt zu gehen. Sie stimmen mir zu, dass Lebensangst der Gegenpol zur Freiheit ist?

Was ist denn Lebensangst?

Mangel an Vertrauen ins Leben. Mangel an Vertrauen ins Leben ist Mangel an Liebe zum Leben. Denn wem die Liebe zum Leben fehlt, kann man nicht vertrauen. Und wer nicht vertrauen kann, hat Angst.

Ein Mensch dagegen, der liebt, nimmt so weit wie möglich *an*, was kommt, lehnt so wenig wie möglich *ab*, was ihm begegnet, bejaht so gut es geht das Leben. Welches Leben? Selbstverständlich das ganze.

Wer liebt, zum Beispiel einen bestimmten Menschen oder eine bestimmte Aufgabe, sieht nicht zuerst auf das, was ihm Angst machen kann, sondern auf das, was für ihn sinnvoll und beglückend ist. Noch immer höre ich die Schallplatten-Stimme des Schweizers Karl Barth – Barth war einer der ganz großen theologischen Köpfe des letzten Jahrhunderts –, der in einer Predigt im Gefängnis in Basel das biblische Wort sagte: „Angst ist nicht in der Liebe." Das heißt: Die Liebe hat keinen Platz für die Angst. Sie lässt die Angst nicht zu. Sie hat nur Platz für anderes: für Achtung, für Aufmerksamkeit, für Wärme, für Zuwendung.

Willy Kramp, ein von mir sehr geschätzter Schriftsteller, erzählt, seine kleine Tochter habe – wie wohl die meisten Kinder –

eine panische Angst vor Blitz und Donner gehabt. Alle freundlichen Erklärungen, so zum Beispiel diese, dass die Engel im Himmel mit Bauklötzen spielten und was dergleichen mehr schlechte Poesie sei, seien fehlgeschlagen.

Eines Tages jedoch, als wieder einmal ein kräftiges Gewitter herangezogen sei, habe sich die Kleine hingebungsvoll mit ihrer Puppe beschäftigt. Als die ersten Blitze zuckten und der erste Donner heranrollte, flüchtete sie nicht wie sonst in die bergenden Arme des Vaters. Vielmehr ergriff sie die Puppe, legte sie aufs Sofa, bedeckte sie mit einer alten Strickjacke und sagte mit ihrer kleinen Stimme beschwichtigend: „Keine Angst! Gewitter tut nichts."

Mir scheint, dass diese kleine Begebenheit mehr ist als eine rührende Geschichte: Indem das Kind Verantwortung übernimmt, weil es die Puppe liebt und sich um sie sorgt, rettet es sich vor der Macht der Angst. Auch auf uns Erwachsene stürmen Bedrohungen mit hundert Gesichtern und Namen ein. Auch wir haben hundert Erklärungen parat, mit denen wir sie zu parieren versuchen – doch oft vergeblich. Werden jedoch wir selbst für andere zu Beschützern, gewinnen wir selbst Schutz. Wenn wir im Gespräch mit anderen offen sind für deren Sorgen, finden die Sorgen wenig Raum in uns. Wenn wir uns aus dem Starrkrampf ichbezogener Vorstellungen lösen und der Liebe in uns Raum geben, hat die Angst weniger Möglichkeiten, sich in der Seele festzusetzen. Denn das ist ein Gesetz des Lebens: dass Angst nicht in der Liebe ist. Wer trotz des Gefühls, bedroht zu sein, über den eigenen Horizont hinaussieht, wer wie ein guter Kapitän auf dem sinkenden Schiff zuallererst seine Passagiere im Blick hat, bei dem kann die Angst nicht ankern.

29. Wenn der Druck die Freiheit verdrängt[16]

Es gibt ein Problem in dieser Zeit, das offensichtlich zunimmt. Es ist kein peripheres, sondern ein zentrales. Es berührt das Innerste des Menschen. Als ich vor geraumer Zeit in Wien einen Vortrag hielt, kamen wir im Anschluss daran auf das Thema Burn-out zu sprechen. Da meldete sich eine junge Frau und berichtete von mehreren Arbeitskollegen, die in den letzten Monaten erschöpft zusammengebrochen waren. Zwei oder drei hatten sogar ihr Leben verloren. Dann sagte sie zwei- bis dreimal einen Satz so, als spräche sie zu sich selbst: „Wir haben es hier mit einem ganz schweren Problem zu tun – wir haben es hier mit einem ganz schweren Problem zu tun …" Ich stimme ihr zu.

Immer mehr Menschen sagen Sätze wie diese: Ich bin so erschöpft und ausgelaugt. Ich werde immer müder. Ich kann einfach nicht mehr. Alles wächst mir über den Kopf. Ich sehe kein Land mehr. Ich reibe mich auf. Mir entgleitet alles. Meine Gedanken laufen mir davon. Manchmal weiß ich nicht mal mehr, was ich fühle, dann wieder sind sie schwer wie Blei. Ich werde immer empfindlicher. Alles stört mich, selbst die Fliege an der Wand. Jeder Tag liegt vor mir wie ein riesiger Berg. Wenn ich an die Arbeit denke, graust es mich. Dann die Nacht – ich bin so müde, aber ich schlafe schlecht, wache immer wieder auf, erwache am Morgen bleischwer. Oft möchte ich keinen Menschen mehr sehen, will nur noch Ruhe haben. Meine Frau, meine Kin-

---

16 Weil das Burn-out-Thema zu den zentralen Themen unserer Zeit gehört, werde ich ihm mehrere Abschnitte widmen.

der haben mir gegenüber die Sprache verloren. Sie sind ratlos wie ich selbst. Ich weiß einfach nicht mehr, wie ich mein Leben noch bewältigen kann. Ich bin so müde von diesem Leben, kriege nichts mehr auf die Reihe, bin nicht mehr eigener Herr. Manchmal denke ich, es wäre gut, ich wäre tot.

Was ist das Problematischste am Burn-out? Dass der darunter Leidende zunehmend Energie verliert – an Geist, Seele und Körper. Dass er sein konkretes Leben nicht mehr steuern kann. *Dass er nicht mehr frei entscheiden kann* und deshalb seine Selbstachtung verliert. Worin liegt die Ursache?

Um sie herauszufinden, ist der erste wichtige Schritt, zwei Fragen zu stellen:

Erstens: Welche *äußeren Faktoren* machen mir zu schaffen? Ist es der Arbeitsplatz, und wenn ja, in welcher Weise? Ist es die Partnerin, der Partner, und wenn ja, in welcher Weise? Sind es die Kinder? Ist es ein Konflikt, der nicht zu enden scheint?

Zweitens: Worin mache ich *mir selbst* Druck? Ist es der Anspruch, in jeder Weise perfekt sein zu müssen? Ist es der fatale Wunsch, sich für andere unersetzlich machen zu müssen? Ist es dieses: nicht Nein sagen zu können? Ist es dieses: an den großen Zielen zu scheitern, weil sie viel zu fern liegen? Oder kann es sein, dass sowohl Druck von innen als auch der Druck von außen das Leben so eng haben werden lassen?

Eine erste Hilfe, wenn das Burn-out heraufzieht oder bereits eingetroffen ist? „Es“ wissen wollen, nicht länger leugnen, richtig hinsehen, dass der gegenwärtige Lebensstil, die derzeitige Lebensqualität ganz weit hinter dem zurückbleibt, was man vom Leben erwartet hat. Sich nichts vormachen, dass ein Fortschreiten der festgestellten Probleme unweigerlich ins Burn-out führt, wenn keine konkrete Änderung des privaten und beruflichen Alltags eingeleitet wird. Vor allem aber: Der Betroffene sollte begreifen, dass er das Wichtigste, Großartigste, Schönste und Beglückendste, das er in der kurzen Spanne zwischen Geburt und Tod erleben kann, nicht mehr lebt: *die Freiheit*. Und es deshalb darauf ankommt, vor der verborgenen Sehnsucht nach ihr nicht länger auszuweichen.

Eine zweite, allerdings vorläufige Hilfe könnte diese sein: Eine Frau, die unter Burn-out litt, ging regelmäßig in die Stille und stellte sich bestimmte Fragen, zum Beispiel diese:

Welche Rolle spiele ich gerade? Will ich sie überhaupt? Bin ich der Regisseur meines Lebens – oder lasse ich mich lenken und bin nur ein Spielball anderer?

Wichtig waren ihr auch die folgenden Sätze aus dem Talmud:

Achte auf deine Gedanken, denn sie werden Worte.
Achte auf deine Worte, denn sie werden Handlungen.
Achte auf deine Handlungen, denn sie werden Gewohnheiten.
Achte auf deine Gewohnheiten, denn sie werden dein Charakter.
Achte auf deinen Charakter, denn er wird dein Schicksal.
Gedanken sind Mächte.

30. Wenn der Beruf die Freiheit verdrängt

Es ist gefährlich, die Anerkennung und das Selbstbewusstsein nur aus dem Beruf zu schöpfen. Wenn nur noch der Beruf wichtig ist, wenn nur noch die Leistung an der Spitze der Werthierarchie steht, wenn auf Dauer alles andere – Familie, Freundschaften, Liebhabereien – an Bedeutung verliert, dann wird das Leben nicht nur einseitig, dann ist es auch gefährdet: körperlich, seelisch, geistig, sozial. Dann entwickelt sich vielleicht die berufliche Identität, nicht aber die persönliche. Dann ist das Fundament nicht mehr sicher, dann gleicht das persönliche Leben einem schief stehenden Turm.

Zweifellos ist der Beruf ein wichtiges, keineswegs aber das einzige Lebensgebiet, auf dem Sinnerfahrung möglich ist. Denn keinesfalls hängt der Wert eines Menschen nur davon ab, was er tut und was er leistet, sondern auch davon, wer er selbst ist, ob er offen ist für andere, ob er Interesse an Dingen entwickelt, die nichts mit ihm selbst zu tun haben, ob er menschlich ist.

Wer den Beruf und die Leistung zum Leitwert macht, macht ihn zur Hauptsache in seinem Leben. Dann aber kommt die Verwirklichung anderer Werte zu kurz, neben der Freiheit die Liebe, die Hoffnung, die Gelassenheit, die Spiritualität oder auch so wunderbare Dinge wie Musik, Malerei oder Sport. Wenn dann infolge des einseitigen Lebens der Beruf selbst gefährdet ist – zum Beispiel durch ein Burn-out –, setzt das Leiden ein.

Der Beruf ist nicht „alles“, die Ehe ist nicht „alles“, die Familie nicht, das eine Projekt nicht, die eine Leidenschaft nicht, *die* eine große Vision nicht. Nichts darf alles sein, auch nicht der Beruf. Es gibt nicht einen Wert, es gibt viele Werte. Nicht *ein* Wert macht ein Leben wertvoll, erst mehrere Werte bringen Erfüllung. Jede *Fixierung* auf einen Wert engt das Leben ein, bedeutet Unfreiheit, kann existenziell frustrieren. Die Folge? Die Hoffnung trägt Trauerkleider, die Selbstbestimmung wagt sich nicht mehr hervor und die Freiheit weiß nicht mehr, wer sie ist.

Darf ich mir erlauben, Ihnen in diesem Zusammenhang einen kleinen erprobten Tipp zu geben? Bevor Sie von der Arbeit nach Hause fahren, nehmen Sie sich, wo immer Sie sind, fünf Minuten Zeit, damit Sie Distanz gewinnen zwischen dem, was war, und dem, was kommt.

Schauen Sie auf den Tag zurück, lassen Sie alles noch einmal Revue passieren. Halten Sie sich, wenn es geht, bei keinem Ärger länger auf. Sehen Sie sich alles noch einmal im Zusammenhang an. Denn was Sie im Zusammenhang sehen, kommt in Ihnen selbst zusammen und macht Sie mit sich eins. Das aber macht Sie offen dafür, dass es mehr und anderes gibt als den Beruf.

31. Wichtiger als Ihre Freiheit?

Die Abhängigkeit (Sucht und Abhängigkeit sind meinem Verständnis nach wesensmäßig das Gleiche) hat viele Gesichter, aber nur ein Wesen. Es gibt kaum etwas, von dem wir nicht abhängig werden könnten, doch sind die Quellen dieselben. Man kann von Drogen, Alkohol und Nikotin abhängig sein, von Glücksautomaten, vom Essen, vom Fernsehen und Internet, von einem Menschen und selbstverständlich auch vom beruflichen Erfolg. Man kann nach allem süchtig sein, was Gefühle verändert, scheinbar vertieft, Gewinn zu versprechen scheint, Missgefühle überspielt, Kraft suggeriert, Glück oder Erfolg verspricht.

Suchtmittel ziehen an, sind oft lange Zeit attraktiv, sind wie Magneten. Wer sich auf sie einlässt, braucht sich nicht selbst anzutreiben, er wird mit Macht von ihnen gezogen. In einer Zeit, in der viel von Antriebsarmut die Rede ist, haben sie deshalb Hochkonjunktur. Und sie verändern in der Tat – zunächst einmal – die Seele, weil sie beruhigen oder faszinieren, Schweres überdecken, Leichtes leichter zugänglich machen, weil sie Gefühle verändern. Und gerade das ist es, was zum Wesen des Menschen gehört: der Wunsch, auch *anders* zu sein und zu werden.

Der Preis jedoch für Veränderungen durch Sucht-Mittel ist hoch, viel zu hoch. Er entspricht nicht dem, was der Mensch ist: ein mit Freiheit begabtes Wesen, das seinen Wunsch nach Veränderung *selbst* verwirklichen könnte. Und wie?

Angenommen, Sie rauchen zu viel, Sie trinken zu viel, Sie arbeiten zu viel; angenommen, Sie übertreiben etwas so sehr, dass Sie nicht umhinkönnen, sich davon abhängig zu fühlen.

Darf ich Sie fragen, ob Sie das, was Sie übermäßig tun, *brauchen*, um Ihr Leben gut, befriedigend oder sinnvoll finden zu können? Wenn das so wäre – hieße das nicht, dass Ihr Tabak, Ihr Wein oder ... die *Hauptsache* in Ihrem Leben wäre? Hieße das nicht, dass Sie kaum etwas anderes mehr beunruhigen könnte als dies, dass Ihr „Mittel" nicht vorrätig wäre? Was das bedeutete, könnten Sie sich dadurch veranschaulichen, dass Sie auf einer DIN-A4-Seite Symbole für Ihre wichtigsten Menschen und Dinge skizzierten und „Ihr" Bier oder „Ihren" Tabak oder „Ihren" Erfolg in die Mitte des Blattes zeichneten. Wohin wohl würden Sie „Ihren" Raum der Freiheit zeichnen?

Ich bin kein Moralist. Mir liegt nur daran, dass uns bewusst wird, was für uns *in der Tat* das Wichtigste ist – und das, was das Wichtigste sein sollte: nämlich die Freiheit und in ihrem Gefolge so viele gute Eigenschaften wie etwa die Treue zu sich selbst, die Selbstachtung, die Verantwortlichkeit. Denn: Abhängig sein bedeutet, nicht Herr seiner selbst zu sein, keine ausreichende Identität zu haben, mit sich uneins zu sein, unfrei zu sein. Doch schicksalhaft – Sie wissen schon – ist das nicht.

32. Vom Mitgefühl mit sich selbst

Es ist ein komplexes Unternehmen, dem Burn-out vorzubeugen oder es zu therapieren. Darüber zu reden, ist hier nicht der Ort. Doch gibt es eine konkrete Hilfe, die in der Behandlung dieses Themas eine besondere Rolle spielt:

Es gibt ein Gefühl, das Menschen dieser Zeit unbedingt (wieder-)entdecken sollten.

Es ist die Voraussetzung für die bewusste Übernahme von Selbstverantwortung. Ich meine das *Mitgefühl mit sich selbst.*

Wer sich auf dem Weg zum Burn-out befindet oder bereits daran erkrankt ist, ist in aller Regel ein Mensch, der schon seit Längerem *nicht mehr für sich ist, sondern gegen sich*, der sich selbst übersieht, der sich selbst zu wenig beachtet und achtet, der dem Inneren Gegenspieler viel zu viel Raum lässt und oft genug aus sogenannten vernünftigen Gründen. Er ist ein Mensch, der viel zu wenig Liebe zu sich selbst hat und das oft genug nicht einmal weiß. Sähe er an einem anderen den Druck, den er selbst ausstrahlt, würde er wahrscheinlich Mitgefühl mit ihm entwickeln.

Mitgefühl mit sich selbst ist etwas völlig anderes als Selbstmitleid. Selbstmitleid ist Gift, Mitgefühl mit sich selbst dagegen Balsam für die Seele und deshalb eine der wesentlichen Bedingungen dafür, dass ein Burn-out vermieden wird und Leben wieder bejaht werden kann.

Wer Mitgefühl mit sich hat, versteht, dass er als Mensch, ganz gleich, wie sein Leben bislang verlaufen ist, mit keinem anderen zu vergleichen ist und deshalb seine eigene Würde hat. Ihm ist klar, dass keiner außer ihm selbst dafür Sorge zu tragen hat, dass es ihm gut geht, dass nicht Druck, sondern Lebensfreude, nicht

Leiden, sondern Sinn, nicht Freudlosigkeit, sondern Glück sein Leben ausmachen sollte. Deshalb empört er sich gegen alles, was ihn herunterzuziehen, kleinzumachen, ihm die Würde zu nehmen droht. Er tut alles, damit er aufrechten Ganges durch seine Tage gehen kann. Er weiß, was er sich selbst schuldig ist. Er ahnt, wer er ist und was er in Wahrheit für sich selbst braucht. Er begreift den Satz Friedrich Nietzsches: „Ich wollte, man finge damit an, sich selbst zu *achten*; alles andere folgt daraus.“

So manches Mal denke ich an einen Satz Viktor Frankls, der einen namhaften Wiener Politiker sinngemäß so zitierte: Es komme die Zeit, da würden die Wahlen nicht durch attraktive Wirtschaftskonzepte entschieden, sondern durch das Ernstnehmen der menschlichsten aller Fragen, der Frage nach dem Sinn. Wer aber macht sich auf, für sich nach Sinn zu suchen, wenn nicht der, der (wieder) begonnen hat, mit sich selbst zu fühlen?

Wer Mitgefühl mit sich selbst hat, gewinnt ein respektables Selbstwertgefühl. Er beachtet sich selbst und achtet auf das, was er hier und jetzt braucht. Er setzt sich durch, wenn die Situation es erfordert. Er steigert seine Offenheit anderen gegenüber und nimmt wahr, was ihnen fehlt und was er ihnen geben könnte. Er fördert seine geistigen Möglichkeiten und damit die Fähigkeit, seinen Platz im Leben finden zu können. An der Spitze seiner Werthierarchie wird nicht Leistung stehen, sondern Liebe – zu sich selbst und zum Leben. Wenn uns bewusst wird, wie kurz die Spanne zwischen Geburt und Tod ist, sind wir vielleicht eher geneigt, das eben Gesagte nicht nur zu bedenken, sondern auch sich darauf auszurichten.

33. Sich Zeit nehmen

Niemand kann jeden Tag 16 Stunden arbeiten. Niemand kann körperlich ständig an sein Limit gehen. Niemand kann schwere Konflikte ohne die Aussicht auf eine Lösung aushalten. Niemand kann auf Dauer durch die Zeit hetzen. Wie klug ist deshalb Theodor Fontanes Satz: „… die Kunst der Lebensführung besteht bekanntlich darin, mit gerade so viel Dampf zu fahren, wie gerade da ist.“[17]

Was ist Zeit?

Zeit ist die Form, durch die das *Leben* fließt. Zeit ist die Bedingung für Leben. Zeit ist Lebenszeit. Doch Lebenszeit ist begrenzt. Irgendwann erreichen wir ihr Ende. Irgendwann leuchten die Sterne ohne uns. Deshalb ist es so wichtig zu begreifen, dass Leben nicht später stattfindet, sondern jetzt.

Alles braucht bekanntlich seine Zeit: das Glück und die Traurigkeit, der Kampf und die Kontemplation, der Zorn und die Geduld, die Arbeit und die Muße. In dem Maße nun, in dem wir darauf hören, was unsere Seele hier und heute von uns will, leben wir *in* der Zeit, sind wir uns selbst nahe, finden wir unseren Rhythmus, füllen wir unsere Lebenszeit aus.

Kümmern wir uns *nicht* darum, was unsere Seele hier und heute von uns erwartet, gehen wir seelenfern durch die Zeiten, geraten wir in Spannung, passen wir nicht in die Zeit, stoßen wir uns wund im Raum der Zeit, laufen wir uns selbst davon, entfremden wir uns von uns selbst, tun wir nicht, was uns entspricht.

---

17 Fontane für Gestresste. Ausgewählt von Otto Drude, Frankfurt am Main und Leipzig 2004, S. 18

Deshalb gilt, nicht nur Zeit zu haben, sondern sie so zu füllen, dass wir mit uns identisch bleiben.

Manche klagen, sie hätten keine Zeit. Ob sie wissen, was sie da sagen? Freie Zeit müssen wir uns *nehmen*, sie stellt sich nicht von selbst ein. Pausen müssen wir uns *einrichten*, denn sie richten sich nicht von selbst ein. Wenn wir darauf warten, dass wir *irgendwann* mehr Zeit haben als jetzt, laufen wir Gefahr, dass wir irgendwann ausgebrannt sind.

Und wie finden wir heraus, was unsere Seele hier und heute von uns will? Darf ich Ihnen wieder mit einem praktischen Vorschlag kommen?

Nehmen Sie sich an jedem Morgen ca. 15 Minuten Zeit.
Suchen Sie sich einen stillen Raum.
Schließen Sie die Augen und lassen Sie die störenden Gedanken abfließen (das wird nicht gleich am ersten Tag gelingen).
Wandern Sie gedanklich von einer Stunde zur anderen und stellen Sie sich vor, wie Sie diese Stunden heute füllen möchten. Stellen Sie sich darauf ein, dass Sie (!) so weit wie möglich bestimmen, wie die Zeit verläuft, die Ihnen heute zum Leben (!) gegeben wird. Zwar wird manches anders als gewünscht verlaufen, doch wenn Sie sich auch darauf einstellen, werden Sie nicht negativ überrascht sein.

Besonders wünsche ich Ihnen immer wieder Zeiten, in denen Sie sich fern jeder Aktivität dem überlassen, wonach Ihnen gerade ist. Woran ich denke? Zum Beispiel daran (und nennen Sie „das“ bitte nicht kitschig):

Die Sonne scheint. Sie stehen an einem See.
Sie sehen auf das weiche Wasser.
Hin und wieder bewegt ein Fisch das Wasser zu einem zarten Wellenspiel.
Ihr Blick hebt sich langsam und geht in die Ferne.

Tiefe Ruhe liegt über dem Land.
Ruhe zieht auch in Sie ein.

Sie gehen nicht weiter.
Sie bleiben einfach stehen.
Sie denken nicht viel.
Sie fühlen nichts Besonderes.
Sie *sind* frei.
Alles ist, wie es ist, nämlich gut.
Mehr brauchen Sie jetzt nicht.
Mehr brauchen Sie wirklich nicht.
Das weiß Ihre Seele und dankt es Ihnen.

34. Ein bescheidener zweiter Selbsterfahrungskurs

Ein weiterer kleiner Beitrag zum Burn-out. Burn-out ist letztlich als Folge von Mangel an *Selbstachtung* zu verstehen. Selbstachtung aber bedeutet Wertschätzung der eigenen Person. Wer sich selbst achtet, ist achtsam sich selbst gegenüber, erkennt, was er hat (an Problematik) und was ihm fehlt. Folgende Fragen können in guter Weise nachdenklich machen:

- Will ich *wirklich* so wie bisher weiterleben?
- Bin ich *entschlossen*, meine Situation zu ändern?
- Weiß ich, wie ich leben *möchte*?
- Was *hindert* mich daran, die Änderung herbeizuführen?
- Von welchen *schweren Erinnerungen* der Vergangenheit habe ich mich noch nicht gelöst? (Sofern es solche Erinnerungen noch gibt, ist die Widerstandskraft gebremst.)
- Worauf müsste ich *verzichten*, wenn ich mein Leben ändern würde? Wäre ich dazu bereit?
- Was könnte ich *ab heute* an meinem Lebensstil ändern, sodass ich entlastet wäre?
- Welchen *Stellenwert* haben in meinem Leben Familie, Freunde, Gruppen – Reisen, Sport, Bewegung, Entspannung, Atmung, Ernährung – Musik, Kunst, Natur etc.?
- Die zentrale Bedingung zur Änderung der Situation ist die Bereitschaft, *sich Zeit zu nehmen*, um über sich selbst, über seine Wünsche, über die Hindernisse und über ein mögliches „neues“ Leben nachdenken zu können. Habe ich die Bereitschaft, mir Zeit zu *nehmen*?

- Welche *Gedanken* bestimmen mein Leben – eher zuversichtliche oder eher skeptische?
- *Was hält mich davon ab, ganz Ja zu mir sagen zu können?* Was immer ich gegen mich einwenden könnte – weiß ich eigentlich, dass ich ein unverwechselbarer Mensch bin und also ein unverwechselbares Schicksal habe?
- Was gestehe ich mir ungern ein, nicht einmal mir selbst?
- Ist mir klar, dass *ich zuerst* gefordert bin, wenn es darum geht, *Mitgefühl* mit mir selbst zu entwickeln?
- Ist mir klar, dass *ich zuerst* gefordert bin, wenn es um die Frage nach der *Verantwortung* für mein Leben geht?
- Was wäre, wenn ich „aussteigen" würde? Geriete ich wirklich in Not, wenn ich kündigte?

Die Erfahrung hat auch gezeigt, dass Menschen, die burn-out-gefährdet sind, für *autosuggestive* Sätze zugänglich sind, weil sie in relativ kurzer Zeit einen guten Ein-Fluss haben. Die folgenden Sätze wurden gern aufgenommen:

- Nicht die Fixierung auf die Probleme und Defizite führt mich weiter, sondern die Konzentration auf die Chancen und Potenziale.
- Ich sehe das Gute und freue mich am Leben.
- Ich sehe den anderen.
- Ich sage Ja zu mir selbst.
- Nicht ausweichen!
- Kein tragisches Gebaren.
- Ich stehe zu mir selbst.
- Menschen sind interessant, aber nicht angstmachend.
- Niemand und nichts ist vollkommen.
- Ich bleibe ganz ruhig und gesammelt.
- Ich lasse mir von mir selbst nicht mehr alles gefallen und auch nicht von anderen.
- Ich achte mich selbst.

- Ich bin mir selbst ein Freund/eine Freundin.
- Ich bin und bleibe geduldig.
- Ich entscheide selbst.
- Ich werde freier und freier.

35. Freier werden durch frei machende Gedanken

„Der Frost dringt in mich ein. Ich erfriere." Diesen Satz lasen Männer auf der Stahlwand eines Kühlwagens, in dem ein Bahnangestellter versehentlich eingeschlossen worden war. Als sie ihn zwölf Stunden später fanden, war er bereits tot. Das Erschütternde an dieser Geschichte wird allerdings erst deutlich, wenn man erfährt, dass das Kühlsystem des Wagens gar nicht eingeschaltet war. Der Mann hätte nicht sterben müssen. Die Autopsie jedoch wies die typischen Symptome des Erfrierungstodes auf.

Gedanken und Bilder, zu Bildern gewordene Werte, Ideen, Gedanken bestimmen unser Leben. Deshalb sind „Menschen", so hat es Freud einmal gesagt, „stark, solange sie eine starke Idee vertreten"[18], schwach werden sie, wenn sie sich ihren eigenen starken Ideen und Werten widersetzen oder störende beziehungsweise zerstörerische Ideen zulassen.

Gedanken und Bilder sind Mächte, weil sie unmittelbar auf die Gefühle einwirken. Gefühle aber sind nicht nur Emotionen, sondern Gefühlskräfte. Das gilt für die negativen ebenso wie für die positiven Gedanken. Deshalb werden viele lebensbejahende Gedanken zu Leitgedanken, die verneinenden dagegen zu Leid-Gedanken.

Neuere Forschungen haben gezeigt, dass bestimmte Gedanken von bestimmten Hirnstrukturen gesteuert werden. Diese Strukturen entwickeln sich in dem Maße weiter, in dem sie beansprucht werden. Je häufiger also ein Mensch belastende, deprimierende oder angstauslösende Gedanken denkt, desto mehr

18 Gesammelte Werke, Band X, S. 113

stärken sie jene Hirnregionen, die die gedanklichen Vorgänge leiten. Damit aber erhöht sich die Wahrscheinlichkeit, dass sich die negativen Gedanken verdichten und sich weiter ausbreiten.

Doch was für die negativen gilt, gilt umgekehrt auch für die positiven. Je mehr sich ein Mensch auf erfreuliche Gedanken einlässt, desto mehr stärkt man die für sie maßgebenden Hirnregionen. Prüfen wir also, von welchen Gedanken wir uns bestimmen lassen.

Auf eine schlichte Formel gebracht: Sag mir, *was und wie* du denkst, und ich will dir sagen, wie du siehst und was du bewirkst. Deshalb kann sogar das (an sich) schönste Ereignis im Leben eines Menschen, zum Beispiel eine Hochzeit, emotional verdorben werden, wenn die Deutung dieses Großereignisses negativ ausfällt.

Die dominierenden Gedanken haben magnetischen Charakter, sie ziehen magnetisch alle gleichen Dinge an. Das heißt: Das, woran wir am meisten denken und worauf wir unsere größte Aufmerksamkeit richten, gestaltet im Besonderen unser Leben, vor allem dann, wenn *innere Bilder* die Gedanken fundieren. Deshalb müssen Gedanken, die länger leben wollen, so Hellmuth Walters, im Bilde sein.

Richten wir unser Denken auf das aus, was wir nicht wollen (Krankheit, Verlust, Unzufriedenheit, Minderwertigkeitsgefühle etc.), wird aller Voraussicht nach eintreten, was wir gerade nicht intendiert haben. Richten wir dagegen unser Denken auf das aus, was wir wollen, wird das Erwartete sich einstellen. In welcher Weise jedoch das Negative oder Positive eintritt, ist primär von der *Intensität* der gedanklichen Beschäftigung abhängig.

36. Begeisterung und Freiheit

Der bedeutende Religionsphilosoph Eugen Biser sieht in unserer Zeit eine „sich epidemisch ausbreitende Resignation“ und beklagt, wie Friedrich Nietzsche es in einem vergleichbaren Zusammenhang sagt, den „Geist der Schwere“.[19] Ähnlich, wenngleich von einem anderen Standpunkt aus und einer anderen Intention, bedauert der Neurobiologe Gerald Hüther die „begeisterungslos gewordene Gesellschaft.“[20]

Begeisterung in *dieser* Zeit, wird mancher fragen.

Verständlich ist die Frage, wenn man sich vergegenwärtigt, dass in dieser Zeit die Angst viele Seelen einschnürt. Dass vielen der Lebensmut verloren geht. Dass sich die Hoffnung immer mehr zurückzieht. Dass vielen der Sinn abhandenkommt. Dass existenzielle Frustration, Angst, Depression, Aggressivität, Burnout und anderes mehr durch die Länder ziehen. Und denken Sie an die kalten destruktiven Schlagwörter, die uns täglich von den Medien zugemutet werden.

Wenn ich trotzdem von der Möglichkeit der Begeisterung für das Leben sprechen möchte, so meine ich nicht jene, die aufkommen könnte, wenn wir die Nöte der Welt und auch der eigenen leugneten. Auch nicht die Begeisterung, die aufkommen könnte, wenn wir uns aus der Welt zurückzögen und uns nur an inneren Bildern berauschten. Jedenfalls denke ich an Begeisterung und deren Gründe *mitten in der Welt und in dieser Zeit.*

Was ist denn Begeisterung?

---

19 Das Eugen Biser Lesebuch, hrsg. von Erwin Möde, Graz, Wien, Köln 1996

20 Siehe dazu: Was wir sind und was wir sein können, Frankfurt am Main 2011, 5. Aufl., insbesondere S. 89 ff.

Zentrum des Begriffs ist bekanntlich Geist. Und Geist ist die wichtigste, die entscheidende Dimension des Menschen. Wirksam aber, lebendig, lebensverändernd wird er erst dann und in dem Maße, in dem er sich auf etwas bezieht, was wertvoll ist, zum Beispiel auf ein Konzert, eine Malerei, eine Idee, eine Frage, eine Aufgabe, auf einen Menschen, auf einen spezifisch menschlichen Wert, etwa die Liebe oder die Freiheit. Wenn sich der Geist auf etwas Wertvolles einstellt, ausrichtet, bezieht! *Wenn eine Brücke entsteht zwischen Geist und Werten.* Wenn die Werte für den Geist zum Magneten werden!

Wenn das geschieht, dann ist er schöpferisch. Dann ist er intuitiv. Dann sieht er und erkennt er und versteht er – dann ist er voll Energie, Ideen in Wirklichkeit umzusetzen. Dann berührt er das, was ist, dann kommt es zur Seinsberührung. Dann weicht zurück, was das Sein entfremdet. Dann entsteht wieder Unmittelbarkeit zum Leben.

Ein Beispiel, das ich Ihnen nicht vorenthalten möchte: Vor einer Reihe von Jahren erlebte ich im Fernsehen eine ungewöhnliche Unterhaltungssendung. Einer der Höhepunkte war der Auftritt der großen alten Dame der Gospelmusik: Mahalia Jackson. Die Zuschauer tobten vor Begeisterung. Nicht weniger begeistert von ihrer Musik war Mahalia Jackson selbst – auch *nach* ihrem Auftritt!! Voller Inbrunst sang sie hinter der Bühne weiter, während sich eine andere Sängerin *auf* der Bühne vergeblich darum bemühte, sich beim Publikum Gehör zu verschaffen.

Damit kein Druck entsteht: Es gibt nicht nur die hinreißende, weithin spür- und sichtbare Begeisterung, sondern auch deren stillere Ausgabe. Sie ist keineswegs weniger beglückend, und vermutlich ist sie weit häufiger anzutreffen als deren lautere Schwester.

Warum nur brennen immer mehr Menschen aus, statt vor lauter Lust am Leben in Flammen zu stehen? Ich kenne zwei Gründe. Der eine liegt im *Mangel an Bewusstsein der Endlichkeit des Lebens*, der dazu verführt, die Gunst der einzelnen Stunden zu übersehen und so zu tun, als gäbe es keine Grenze. Der andere liegt im *Mangel an Liebe zum Leben* und *zu sich selbst*. Von der Liebe haben wir bereits gesprochen. Deshalb werde ich nur noch einen Aspekt hinzufügen:

Wer liebt, erkennt vom Leben mehr als der, der nicht liebt: von Menschen, Natur, Kunst, Spiritualität, von Geschichte, Kultur, Gesellschaft usw. Warum? Weil er dem, was er liebt, ganz nahe ist. Weil er das, was er liebt, nicht zwiegespalten ansieht, sondern einfach. Weil ihn das Liebenswerte und Besondere interessiert, weniger das bekannt allzu Menschliche. Und schließlich: Wer liebt, sieht nicht auf Teile, sondern auf das Ganze und auf die Mitte dessen, was er liebt. Alles aber, was geliebt wird, entzieht sich *nicht* dem liebenden Betrachter, sondern öffnet sich ihm und bringt das Beste aus sich heraus, jenes Beste, das vielleicht schon lange darauf gewartet hat, endlich sein zu dürfen.

Sie sagen: So zu leben, das wäre ein Traum. Mag sein. Doch was wäre, wenn der Satz Dom Hélder Câmaras zuträfe: „Wenn einer träumt, ist es ein Traum. Wenn viele miteinander träumen, ist es der Anfang einer Wirklichkeit."

Wie aber findet man Gründe für Begeisterung, zumal in dieser Zeit? Wie entsteht jener Funke, der Feuer auslöst?

Es gibt eine Frage, die für mich von größter Bedeutung ist. Ich stelle sie mir täglich. Sie bestimmt mein Denken. Sie ist mir eine der wichtigsten Lebenshilfen. Sie lautet:

Worauf sehe ich?
Worauf *höre* ich?
Was suche ich?
Worauf richten sich meine Gedanken?
Auf das Zerstörerische oder die Liebe?
Auf das, was mich anbindet, oder das, was mich freimacht?
Womit verbindet sich mein Geist? Mit dem, was Leben fördert oder stört?
Und vor allem: *Will* ich das Wertvolle suchen?

37. Krisen können eine Gunst sein

Lebenskrisen – ich meine nicht solche, denen man mit einem Augenzwinkern begegnen kann – sind bedeutsame Phasen im Leben eines Menschen, weil sie primär seine Weiterentwicklung fördern. Sie sind Wegweiser auf dem Weg durch die Zeiten. Sie fordern Ideen, Fantasien, vor allem Entscheidungen und neue Kräfte heraus. Sie sind Gründe für neue Erfahrungen.

Krisen betreffen den ganzen Menschen: den Geist, die Seele und den Körper, den Verstand, die Gefühlswelt, die Motivation. Doch nicht das ist das Entscheidende, was jemand an Schwerem erlebt, sondern das, *wie* er das Schwere annimmt und gestaltet, welche *Einstellung* er ihm gegenüber entwickelt:

- ob er von dem anstehenden Problem nichts wissen will und es leugnet,
- ob er es als ein „Zufallsprodukt" zu verstehen versucht und leichtsinnig darüber hinweglebt,
- oder ob er seine Schwierigkeiten als Herausforderung begreift, die *Chance*, die in der Krise liegt, zu *erkennen* und danach zu *handeln*.

Die Krise ist ein seltsames Geschehen. *Subjektiv* erleben viele sie *zunächst* als zu schwer. Sie wissen nicht, ob und, wenn ja, wie sie gelöst werden kann. Sie werden in ihren Gedanken, Gefühlen, Empfindungen und Bedürfnissen von noch nicht gelösten Fragen *beherrscht* und daher in ihrer Existenz bedroht. Sie empfinden Angst, dass einschneidende Veränderungen ihr bisheriges Lebensgefüge stören oder sogar zerstören könnten. Sie haben auch Angst vor einer möglichen notwendigen Neuorientierung. Dann aber, wenn die Krise überwunden ist, erfahren sie diese als *Basis und Grund* einer neuen, sinnvolleren Lebensgestaltung.

Worauf kommt es an, wenn die Krise in einem *sinnvollen* Zusammenhang mit der ganzen Lebenslandschaft stehen soll? Auf die *geistig-seelische Einstellung* zu ihr und also darauf, tiefer, klarer und vielleicht zum ersten Mal zu begreifen,

- wer ich in Wirklichkeit bin.
- wozu ich da bin.
- ob und wenn ja, welches ungelebte Leben ich – vielleicht schon sehr lange – in mir trage.
- wie meine Widerstände auf dem Weg zur Sinnfindung aussehen.
- was ich für mein Leben unbedingt brauche.
- worin ich Halt finde.
- was mich trägt, wenn ich mich selbst nicht mehr tragen kann.

38. Die Freiheit in der Krankheit

Krankheiten sind kein Unglück. Sie können allerdings dazu werden, wenn sie nicht als das verstanden werden, was sie in Wahrheit sind: Lebenskrisen, die wesentlich zur Weiterentwicklung der Persönlichkeit beitragen, die einen kräftigen persönlichen Schub nach vorn bedeuten können. „Jede Krankheit", sagt Christian Morgenstern, „ist eine Reinigung; man muss nur herausbekommen, wovon. Es gibt darüber sichere Aufschlüsse, aber die Menschen ziehen es vor, über hunderte und tausende fremder Angelegenheiten zu lesen und zu denken, statt über die eigenen. Sie wollen die tiefen Hieroglyphen ihrer Krankheiten nicht lesen lernen und interessieren sich mehr für das Spielzeug des Lebens als für seinen Ernst. Hierin liegt die wahre Unheilbarkeit ihrer Krankheiten, im Mangel und im Widerwillen gegen Erkenntnis, hierin, und nicht in Bakterien."[21]

Das soll uns nicht passieren! Meine Sicht der Krankheiten? Krankheiten engen einen Menschen ein – zunächst jedenfalls! Das gilt für den Geist, die Seele und den Körper. Jede Einengung aber, gleich welcher Art, verkleinert, verkürzt, minimiert den Raum der *Freiheit*. Wird aber der Raum der Freiheit eingeengt, verliert ein Mensch Energie, Lebensfreude, vor allem das Ja zum Leben. Die Folge? Körper, Seele und Geist, der ganze Mensch bringt weniger Kraft auf, hat nicht genügend Energie, sich mit der Krankheit auseinanderzusetzen und sich für die Gesundung stark zu machen.

Was also wäre, wenn wir die Frage, was gesund macht, streng unter dem Gesichtspunkt der *Freiheit* betrachteten? Eine solche

---

21 Werke und Briefe, Bd. „Aphorismen", Stuttgart 1987

Betrachtungsweise ist zwar nicht üblich, jedoch meiner eigenen Erfahrung nach sehr effektiv.

Freiheit ist, so hatte ich im 5. Abschnitt gesagt, das menschliche Zentrum kraftvollen Erkennens und Handelns, das uns den Raum schafft, den wir brauchen, um uns und unser Leben verstehen und gestalten zu können, auch und im Besonderen in der Krankheit. Doch bevor wir uns darüber verständigen, was die Freiheit konkret mit der Krankheit und Gesundung zu tun hat, muss ich auf die längst fällige Frage antworten, woher sie, die Freiheit, kommt. Denn erst dann, wenn wir wissen, dass sie neben der Liebe der wichtigste Aspekt des *Geistes* und Geist die entscheidende Dimension des Menschen ist, können wir ihre wahre Bedeutung ermessen. Und was ist Geist? Erlauben Sie mir, ihn wenig akademisch, mehr poetisch zu beschreiben?

Der Wind weht ums Haus. Er säuselt, er pfeift, er stürmt, und manchmal scheint er das große Gebäude sogar wegfegen zu wollen.
Ich sehe ihn nicht, ich sehe nur, was er bewegt.
Ich höre ihn, doch kann ich ihn nicht greifen.
Ich stemme mich ihm entgegen und erlebe seine Kraft, doch fassen, gar erfassen kann ich ihn nicht. Der Wind ist da, ist gegenwärtig. Das kann niemand bezweifeln, obwohl ihn niemand sieht.
Der Geist gleicht dem Wind. Auch den Geist sehe ich nicht, ich sehe nur, was er durch mich bewegt. Mir kommen Ideen, mir kommt die Gewissheit, die Idee durchsetzen zu können, mir kommt die Kraft, sie zu verwirklichen. Ich verwirkliche sie in die Tat.
Der Geist ist da, ist gegenwärtig. Das kann niemand bezweifeln, obwohl ihn niemand sieht. Der Geist und der Wind – sie kommen aus Räumen, die ich nicht erkenne, sie ziehen zu Räumen, die ich nicht sehe. Jetzt sind sie da, spürbar, fühlbar, mächtig,

sind dichteste Wirklichkeit. Doch fassen, gar erfassen kann ich sie nicht.[22]

Krankheit und Freiheit – was kann die geistvolle Freiheit praktisch tun, um den Erkenntnis- und Gesundungsprozess in Bewegung zu bringen? Die vier Punkte, die ich Ihnen jetzt nenne, entstanden, während ich selbst schwer erkrankte und wieder gesundete:

1. Als Patient frage ich mich: Füllt mich die Krankheit, das Leiden, der Schmerz ganz aus? Spüre ich noch *freie* Räume – im Körper, in der Seele, im Geist?

Wo im *Körper* spüre ich sie? Ich schließe die Augen und nehme mich körperlich wahr. Ich nehme mir Zeit dafür.

2. Wo in der *Seele* spüre ich sie? Ist da nur Niedergeschlagenheit, Verletztheit, Angst, Aggressivität, innerer Schmerz? Ob diese Gefühle so stark sind, dass keine anderen aufbrechen können? Ich wende mich meiner Seele zu und nehme mir Zeit, wahrzunehmen, was sie mir mitteilen möchte.

3. Ich weiß – das sagt mir mein *Geist* –, dass Hoffnung, Zuversicht, Glaube, dass Freiheit, Liebe und Verantwortlichkeit Kräfte sind, die ich dringend brauche, um gesund zu werden. Machen sich diese Kräfte bemerkbar? Lasse ich die „Wahrheit" zu, dass all diese Kräfte in mir sind und bleiben, auch wenn ich sie nicht will?

Brechen sie irgendwo auf? Sie zeigen sich nicht? Ich ahne sie nicht? *Will* ich sie denn? Was sagt mein *Grundwille* – sagt er Ja, Jein oder Nein zu meiner Gesundung?

---

22 Uwe Böschemeyer: Das Leben meint mich. Meditationen für den neuen Tag. Ein Jahrbuch, Hamburg 2007, 4. Aufl., 18. Mai

4. *In einer begleiteten Wertimagination lasse ich den Inneren Freien – auch er ist eine Wertgestalt der inneren Welt – kommen. Ich lasse mich von ihm zunächst durch den Körper, dann durch die Seele und schließlich in die frei gebliebenen Räume führen. Habe ich sie gefunden, bitte ich den Freien, gemeinsam mit anderen Wertgestalten (den Geistvollen, den Hoffenden, den Vitalen, den Energiegeladenen) die freien Räume auszuweiten, sie immer weiter auszuweiten. Danach lasse ich den Inneren Therapeuten kommen und frage ihn, wie der weitere Weg zur Gesundung aussehen könnte.*

Gibt es noch etwas von der Freiheit zu lernen?

Sie lässt sich nicht von sogenannten eindeutigen Diagnosen irritieren. Sie ist zwar nicht übermütig. Doch sie weiß, dass der Geist stärker ist als Körper und Seele und also *ich selbst* immer auch „dabei“ bin, wenn es darum geht, wie mein Leben weiter verläuft.

39. Ein „Ja!" zum Leben

Wenn Sie über längere Zeit bemerken, dass Sie sich unfrei und gehemmt fühlen, dass sie nicht mehr fröhlich sind, dass Sie sich ständig ärgern, dass Sie anderen oft Vorwürfe machen, dass Sie nur noch wenig lachen, dass Sie Ihr Leben mehr grau als bunt finden, dass Sie kaum noch Selbstvertrauen haben, dann stellen Sie sich, wenn niemand Sie sieht und hört, auf eine große Wiese und brüllen aus der Tiefe Ihrer Brust heraus und aus Leibeskräften immer wieder: „Ja! Ja! Ja!" Trommeln Sie dabei gern auf Ihre Brust!

Wie oft? Nicht nur einmal. Hin und wieder. So lange, bis Ihr Ja ein fröhliches Ja wird. Wozu das gut ist? Wenn Sie so fragen, weiß ich, dass Ihnen die Wiese guttun würde.

Wie gern denke ich an jenen werdenden Psychiater zurück, der während einer Studiensituation auf meine Ermutigung hin in den nahe gelegenen Wald ging und einsam, aber laut, sehr laut mehrere Male die Bäume durch sein starkes „Ja" aufhorchen ließ. Ein wenig verschämt, aber auch ein wenig stolz lächelnd kehrte er in den Seminarraum zurück. Er ist übrigens ein guter Psychiater geworden.

40. Über sich selbst lachen können

Da Sie das letzte Kapitel hoffentlich heiter gestimmt hat, erlauben Sie mir, auf der gleichen Wellenlänge weitermachen zu dürfen:

In meiner Jugendzeit sah ich ihn oft, den alten Mann, den alten Malermeister, der durch den Krieg und viel Not vieles verloren hatte, was ihm so wichtig war. Er lebte allein. Er war nie unbeschäftigt. Er lernte immer wieder Neues kennen: Er begann Klavier zu spielen, wobei ihm seine durch die Arbeit breit gewordenen Finger immer wieder Streiche spielten. Er begann zu malen, lernte Italienisch und suchte Zugang zur Philosophie. Ich habe ihn sehr gemocht.

Was mich am meisten beeindruckte? Das war sein Lachen, sein häufiges Lachen über sich selbst: Saß er am Klavier, schüttelte es ihn, wenn er sich durch den Dschungel der Noten mogelte. Rezitierte er auf Westfälisch einen italienischen Text, brachte er oft nur Halbsätze heraus, weil er sich vor Lachen bog. Und dann die Zwiegespräche mit seinem auch bereits ergrauten Hund – wenn der alte Mann ihn ansah und mit tränenden Augen lachend sagte: „Mein alter Bobby, stell dir nur vor, wir leben noch – ist das nicht schön?"

Ob er ein glückliches Naturell hatte? Mag sein. Seine Erziehung jedenfalls war barbarisch. Vielleicht war's dies, warum er so über sich lachen konnte: dass er sein Herz geöffnet hatte für vieles, wenn nicht das meiste, was er im Leben fand. Und so war er frei geworden, immer freier.

Wer über sich selbst lacht, nimmt sich selbst auf den Arm und wird nicht von anderen auf den Arm genommen. Er lacht über das Kind in sich, und Kindern gehört bekanntlich die größte Sympathie. Er erlaubt sich, das Unzulängliche und Unvollkommene sein zu lassen, anzunehmen, als zu sich gehörig zu akzeptieren. Er weiß oder ahnt etwas von der Begrenztheit und Vorläufigkeit des Lebens und sagt Ja dazu. Vor allem aber verschafft er sich die Möglichkeit, aus seinem gewohnten Denkrahmen auszusteigen und, wenn auch nur für kurze Zeit, sich und das Leben aus einer anderen Perspektive zu betrachten.

Wer über sich selbst lacht, fühlt sich frei, nimmt sich selbst nicht gar so ernst, freut sich über sich selbst. Er hat Abstand zu dem, was „der Welt“ so wichtig erscheint. Wer über sich selbst lacht, steht in der Situation über der Situation – und öffnet – welch ein Vergnügen! – der so oft verschlossenen Kammer des Humors alle Tore. Und was kommt da heraus? Jenes Lachen, das vom Herzen ausgeht und manchmal nur in Augenwinkeln sichtbar wird, helle warme Heiterkeit, die viel Erfahrung hat mit Leben und ganz viel davon weiß, dass Leben möglich ist – so oder so.

Darf ich Ihnen zu unserem Thema eine Begebenheit erzählen, eine ganz persönliche? Ich habe sie schon einmal erzählt.[23] Sie kommt mir jedoch immer wieder so nahe, dass ich nicht umhin kann, sie auch Ihnen, liebe Leserinnen und Leser, kundzutun:

Ich fuhr nach der Arbeit mit dem Auto nach Hause. Es regnete und es war dunkel. Dunkel war es auch in mir. Ich war verstimmt, missgelaunt, mir selbst unausstehlich. Da kam mir die gar nicht einfältige Idee, mich danach zu erkundigen, worin meine glänzende Stimmung begründet sein könnte. Nichts fand ich, was meinen Zustand hätte erklären können. Stattdessen jedoch kam mir eine andere Idee:

Ich begann mich (bewusst) zu bemitleiden, begann, mich selbst auf den Arm zu nehmen, und malte – halblaut und mit bewegter Stimme – ein ziemlich verzerrtes Bild von dem, was ich am Tage erlebt hatte: „Du armer Mann hast heute nur Menschen

23 Worauf es ankommt. Werte als Wegweiser, München 2010, 5. Aufl., S. 174 f.

erlebt, die dich nicht mögen. Alle sind sie nur (in die Therapie) gekommen, weil sie dir ihre Ablehnung zeigen wollten. Auch die Sekretärin wollte, als sie den Termin vergaß, nichts anderes als dich ärgern. Du hast es schwer im Leben, wahrscheinlich viel schwerer ..." Ich ließ es zu – das Lachen über mich selbst, das leise kam und leise blieb, das mich umspielte und stärker war als das kleine mürrische Ich.

Wir hätten ja viel mehr Grund, über uns selbst zu lachen, wenn wir uns selbst bejahten, gewiss nicht alles, doch viel von dem, was auch andere an uns mögen. Vor allem das bejahten, was wir *im Grunde* sind und was darauf drängt, zum Vor-Schein kommen zu können. Wir könnten viel mehr über uns lachen, wenn wir vertrauter mit uns wären, wenn wir – mehr als bisher – von dem Gold wüssten, das im unbewussten Geist verborgen liegt. Manchmal bin ich, während ich Klienten wertimaginativ begleite, in der Verlegenheit, nicht laut loslachen zu müssen angesichts der urkomischen, humorvollen (und so heilsamen) Bilder, die sie mir schildern. Besonders „gefährdet" bin ich, wenn der Innere Lebenskünstler" außer sich gerät vor Freude am Leben und uns Seiten von uns zeigt, die prall sind von Lust am Leben. Und wie oft hören Menschen auf ihren Tiefenwanderungen Lieder, die das Herz singt, Lieder der Freiheit, der Hoffnung, der Zuversicht.

41. Sich einmal mutig zeigen

Das kann eine Befreiung sein, hin und wieder etwas Verrücktes zu tun. Etwas, was aus dem Rahmen fällt. Etwas, was über die berühmten Verhaltensmuster hinausgeht. Etwas, das gern heiter und scheinbar unsinnig sein darf. Etwas, das Sinn im Unsinn verspricht, den man nicht so rasch vergisst. Denn alles, was wir immer wieder tun, konserviert unsere Gefühlskräfte. Und alles, was „neu" ist, öffnet sie. Drei schlichte Beispiele kann ich Ihnen unschwer vorenthalten:

Als Studenten machten mein Freund und ich uns einen Spaß daraus, auf einer belebten Straße, die zur Universität führte, mit dem rechten Bein auf dem Bürgersteig, mit dem linken auf der Straße zu marschieren und dabei rhythmisch „Lumumba" zu rufen. (Lumumba war vor Jahrzehnten eine zwielichtige afrikanische Diktatorengestalt.) Wir „mussten" lachen, bis wir die Tür zur ehrwürdigen Alma Mater erreicht hatten. Als fröhliche Studenten wandten wir uns dann der nicht immer fröhlichen Wissenschaft zu. (Selbstverständlich war uns auch daran gelegen, von möglichst vielen Passanten beachtet zu werden.)

Manchmal packt mich auch heute noch der Schalk. Dann kann ich mich kaum halten. Dann bin ich übermütig. Noch vor einiger Zeit setzte ich mir zum Beispiel einen großkrempigen Hut auf und nahm ihn, wenn ich ein Restaurant betrat, nicht gleich ab. Warum nicht? Weil mich das Studium der unterschiedlichen Reaktionen der Gäste amüsierte.

Ich erlaube mir noch die Mitteilung einer dritten Begebenheit: Ich fuhr in den Ferien mit meinen Kindern durch Tirol. Wir waren sehr albern. Als wir durch ein Dorf fuhren und ich langsam fahren musste, stiftete ich meine Kinder dazu an, die Fensterscheibe zu öffnen und einen Passanten nach dem Weg zum „evangelischen Bahnhof“ zu fragen. Unser Lachen dauerte lange. Und dass wir uns schrecklich mutig vorkamen, können Sie sich vorstellen.

Ob Sie, liebe Leserinnen und Leser, sich zu ähnlichem Unsinn hinreißen lassen mögen? Jedenfalls ist meine Erfahrung, dass der innere Freiheitsraum weiter wird, wenn wir dann und wann dem Kind in uns weiten Auslauf lassen. Es wird immer erfrischt und erleichtert zurückkommen.

42. Freier werden durch Mutproben

Nein, ich denke nicht an „Jumping“ oder andere wilde Aktionen. Sondern daran, Mut geistig zu probieren, zu schmecken, das Geschmeckte in sich aufzunehmen, sich davon ausfüllen zu lassen. Wozu? Um dadurch freier zu werden.

Ich kenne selbst die Kraft, die entsteht, wenn ich mich auf bestimmte Wörter, Gedanken oder Sätze besinne (Sinn!), sie mir nahekommen lasse, sie mir zu eigen mache, sie mir einverleibe, mit ihnen eins werde, mich von ihnen verändern lasse. Deshalb ist es bedauerlich, dass man von solch elementaren Lebenshilfen wie diesen so wenig Gebrauch macht. Etwa wegen ihrer Einfachheit? Mein Vorschlag:

Nehmen Sie sich einen Monat lang an jedem Morgen 15 Minuten Zeit. Lassen Sie die störenden Gedanken abfließen. Dann holen Sie den einen oder anderen mutfördernden Satz zu sich heran, sagen ihn, wenn Sie mögen, einige Male halblaut vor sich hin, schweigen, lassen den Satz wieder auf sich wirken, lassen vielleicht auch ein Bild dazukommen. Kurzum: Wandern Sie im Geist um den Satz herum, gehen Sie in seine Mitte, lassen Sie zu, dass er von Ihnen Besitz ergreift. Sollten Sie sich auf diese Mut-Proben einlassen, würden Sie überrascht sein, welche Wirkung von diesen wenigen Minuten ausgeht. Diese oder andere Sätze könnten Sie beglücken:

Ich sehe weniger auf die Schwierigkeiten, mehr auf die Möglichkeiten.
Ich frage danach, was mir heute besonders wichtig ist.
Ich werde mich gegen alle niederziehenden Ein-Flüsse empören (empor!).

Ich bleibe mutig.
Der Mut meiner Träume wird zum Mut meiner Tage.
Ich entsorge die Sorge!
Ich werde mehr wagen.
Ich sage „Ja“ zum Leben und „Ja“ zu mir selbst.
Wenigstens einmal werde ich heute Stehvermögen zeigen.
Wo stehe ich jetzt – pro oder contra Leben?
Ich will „das!“.
Ich muss mich mit niemandem vergleichen.
Ich weiche so wenig wie möglich aus.
Ich wandere zur Quelle meines Mutes.

43. Sich nicht immer „zusammennehmen“

Sie kennen das? „Es“ beginnt schon am frühen Morgen. Sie schauen in den Spiegel und bemerken, dass Ihr Gesicht partout keine Freundlichkeit entwickeln will. Ihre Stimme klingt seltsam hoch gespannt. Der Unterkiefer ist frei von jeder Lockerheit. Und dann das Schulternackenfeld – es scheint, als sei jeder Zentimeter versteinert.

Sie sind schlecht gelaunt und können nichts dagegen tun. Ihre Laune gleicht einer Spinne, die unmerklich, aber rasch ihr Netz ausbreitet, um ihre Opfer einzufangen. Sie sind gereizt und ärgern sich. Sie wollen sich zusammennehmen und bewirken das genaue Gegenteil. Das Schlimmste aber ist, dass Sie sich auch in den nächsten Stunden nicht „in den Griff kriegen“. Bis Sie am Abend zu der rührenden Erkenntnis vorgedrungen sind, dies sei nicht Ihr Tag gewesen. Mögen Sie für einen solchen Fall von der Weisheit eines alten Professors profitieren?

Er erzählte mir einmal: „Ich gestatte mir dann und wann einen Tag, an dem ich meiner schlechten Laune freien Lauf lasse. Ich rate niemandem, dann auch nur ein Wort an mich zu richten. (Allerdings bemühe ich mich darum, an solchen Tagen allein zu sein.) Und wenn ich irgendwann in den Spiegel sehe, blickt mich ein unmöglicher Mensch an. Mit diesem Blick setzt dann in aller Regel die Endphase meiner schlechten Laune ein. Das Gesicht, das mich da anschaut, erschüttert mich derart, dass ich bald meinen normalen Zustand wiederfinde. Merkwürdigerweise brauche ich diese Tage immer seltener …“

44. Man muss sich nicht überfordern

Schopenhauer hat einmal gesagt: „Ein Mensch kann zwar tun, was er will, aber nicht wollen, was er will". Daraus folgerte Albert Einstein: „Jeder [Mensch] handelt nicht nur unter äußerem Zwang, sondern auch gemäß innerer Notwendigkeit."

Jene Einsicht wurde für Einstein zu einer großen Befreiung: Dieser Satz „hat mich seit meiner Jugend lebendig erfüllt und ist mir beim Anblick und beim Erleiden der Härten des Lebens immer ein Trost gewesen und eine unerschöpfliche Quelle der Toleranz. Dieses Bewusstsein mildert in wohltuender Weise das leicht lähmend wirkende Verantwortungsgefühl und macht, dass wir uns selbst und die andern nicht gar zu ernst nehmen; es führt zu einer Lebensauffassung, die auch besonders dem Humor sein Recht lässt."[24]

Und weil mir das Zitieren gerade Vergnügen macht, lasse ich Manès Sperber ergänzen: „So entscheiden wir uns denn dafür, weder Heilige noch Weise noch Helden zu sein; das heißt, dass man bei sich wie bei anderen die menschlichen Unzulänglichkeiten als eine Tatsache hinnimmt. Denn wer die Menschheit nicht mit der liebevollsten Geduld betrachtet, der hat nichts von ihr verstanden und wird unausweichlich ihr Feind werden."[25]

Demnach bedeutet Freiheit, die eigenen und die Schwächen anderer mit Geduld zu sehen, hinzunehmen, anzunehmen, sein zu lassen. Wie das gehen soll? Vor allem dadurch, dass wir tiefer noch als bisher begreifen, dass *wir selbst ebenso wie unsere*

---

24 Albert Einstein: Mein Weltbild, hrsg. v. Carl Seelig, Stuttgart u. a. 1974, S. 7
25 www.zitate.eu

Mitmenschen vieles „gemäß innerer Notwendigkeit" denken, empfinden, fühlen und handeln.

Und Geduld – was ist das und was bewirkt sie?

Geduld ist eine Eigenschaft, die in der Literatur vor allem des 19. Jahrhunderts noch besungen wurde. Heute ist sie faktisch das Stiefkind unter der Vielzahl der menschlichen Werte. Das ist verständlich, denn der zunehmende Stress engt immer mehr die Seelen der Menschen ein. Gerade deshalb aber brauchten wir mehr denn je diese wundersame Eigenschaft, weil das Zeitrad immer schneller zu rasen scheint.

Von der Geduld hat zum Beispiel Hermann Hesse gesagt, sie sei das Schwerste und das Einzige, was zu lernen sich lohne. Alle Natur, alles Wachstum, aller Friede, alles Gedeihen und Schöne in der Welt beruhe auf Geduld, brauche Zeit, brauche Stille, brauche Vertrauen, brauche den Glauben an langfristige Vorgänge …

Geduld ist nichts Passives. Geduld ist etwas Aktives. Sie ist die spezifisch menschliche, also letztlich unverlierbare Fähigkeit, sich selbst und dem, was uns begegnet, die notwendige innere und äußere Entwicklung zu erlauben.

Der Geduldige ist ein freier Mensch, denn er lässt sich weder von seinen eigenen Emotionen noch von denen anderer drängen oder überrollen. Er hat Stehvermögen. Er steht zu sich selbst. Er ruht in sich selbst. Er bleibt er selbst. Er hat Identität, weil er selbst bestimmt, was mit ihm geschieht. Verständlich deshalb, wenn Hugo von Hofmannsthal den verwegenen Satz sagt, der Teufel fürchte nichts mehr als die Geduld eines Menschen.

Und wie lernt man Geduld?

- Durch Verstehen und Begreifen dieser wunderbaren Eigenschaft.
- Durch Bewusstmachung dessen, was uns treibt.
- Durch Besinnung darauf, was wir unter keinen Umständen mehr wollen, und darauf, was wir wollen.

- Durch das Ritual, täglich zu einer bestimmten Zeit bei uns selbst zu sein und darauf zu hören, was unsere Seele uns sagen möchte.
- Durch täglichen Umgang mit der Frage: Ist das, was ich tun möchte, das, was ich wirklich will?

45. Die eigenen Grenzen respektieren

Einmal wird der Tag kommen, an dem Sie eine neue Freiheit genießen werden. Das ist der Tag, an dem Sie begreifen werden, dass das, was Sie sich immer gewünscht haben, was Sie immer wollten, was schon immer Ihr großes Ziel war, einfach nicht geht. Sie haben sich gedreht und gewendet. Sie haben gehofft und gehofft, haben wieder und wieder von vorn begonnen, haben nicht aufgegeben, sind die seltsamsten Wege gegangen. Auch die Tiefen Ihrer Seele haben Sie erforscht. Sie haben gegen sich gezürnt aus Verzweiflung über diese Grenze. Nichts half. Alles war umsonst.

Sie sind so. Diese Grenze gehört zu Ihnen. Sie ist Ihr ureigenes Problem. Sie werden sie nicht los. Sie bleibt Ihnen treu. Sehen Sie sich noch einmal diese Grenze an. Weinen oder lachen Sie noch einmal über sie. Und sagen Sie dann dieser Grenze Ade!

Oder gehören Sie etwa zu denen, die immer wieder den Wettlauf mit den Göttern aufnehmen und ihn jedes Mal neu verlieren? Jedenfalls gibt es Grenzen, die für die meisten zu hoch sind. Deshalb ist es wichtig, sie zu kennen.

Es gibt allerdings auch Grenzen, die so hoch nicht sind und die bei hinreichendem Training womöglich an Höhe verlieren könnten. Die Frage ist nur: Ist das, woran Sie denken, so wichtig, dass eine Beschäftigung damit der Mühe wert ist? Doch wenn Sie Grenzen dieser Art kennen, dann schieben Sie sie so weit wie möglich hinaus, denn mit jeder Ausweitung erfahren Sie gelebte Freiheit. Mit Freude denke ich selbst noch manchmal daran, wie ich als Vortragender den Kreis meiner Zuhörer immer weiter werden ließ.

46. Ist der Egoist frei?

Es gibt ein Problem, das wie kaum ein anderes den Weg zu Freiheit, Sinn und Glück verhindert. Ich meine den Egoismus.

Dass Menschen in den letzten Jahrzehnten mehr als bisher gelernt haben, nicht nur auf die Wünsche und Bedürfnisse der anderen, sondern auch auf die eigenen zu achten, war dringend erforderlich. Denn das Gefühl, auf sich selbst zu achten und sich selbst wertvoll zu fühlen, ist ein elementares. Viel zu lange war es vielen Kreisen so gut wie unbekannt. Inzwischen allerdings scheint es, als entwickle sich ein Gegenpol zu einem guten Selbstwertgefühl, eben der Egoismus, den ich primär als ein psychologisches und erst sekundär als ein moralisches Problem sehe. Was ist und was bedeutet Egoismus?

Sowohl Märchen, Träume und Imaginationen, alle bildhaften Aussagen der inneren Welt sagen es immer wieder: Je mehr ein Mensch um sein eigenes Ich kreist, desto weniger Glück findet er. Je mehr er fordert, dass er bekommt, was andere haben, desto mehr entfernt er sich von dem, was er im Grunde ist: ein Mensch mit Verstand und Herz. Deshalb gehört Egoismus zu den besonders giftigen Quellen, die sowohl ihn selbst als auch seine Beziehung zu anderen stören.

Besonders krasse Beispiele für Egoismus können wir zurzeit in den Medien studieren. Ich denke an arabische Diktatoren, die sich nicht einmal scheuen, auf ihr eigenes Volk schießen zu lassen, weil sie nur sich, ausschließlich ihr Ego im Blick haben.

Es gibt aber auch zahllose Beispiele in schmalerem Format: Denken Sie an das sich ausbreitende Burn-out oder das Mobbing, beides Formen von Leiden, die oft genug Folgen egoistischen Verhaltens anderer sind – nicht nur, aber auch. Oder sehen Sie sich an, was sich offen oder verdeckt in Familien abspielt: Es kann sein, dass einer in der Familie leidet und keiner, aber auch nicht einer bemerkt, wie tief die Not ihres Angehörigen ist. Aber auch das kann sein, dass jener, der leidet, alle anderen mitleiden lässt, weil er nur sich im Blick hat und erwartet, dass die anderen sich ständig um ihn kümmern. Es gibt eben auch die Tyrannei der Schwachen. Oder: Warum nur geschieht es immer wieder, dass dann, wenn ein Mensch seinen – vielleicht etwas ungewöhnlichen – Weg gehen will, andere da sind, die ihn daran hindern wollen? Sie beschwören die gute gemeinsame Vergangenheit, beschwören die Möglichkeit einer guten gemeinsamen Zukunft, klagen Rechte ein, klagen Dank ein, lassen ihrer Wut freien Lauf, lassen sich traurig gehen, zeigen sich enttäuscht, suchen nach Ursachen für sein Verhalten, machen ihm Vorwürfe. Es scheint, als käme keine Freude darüber auf, was alles sie von dem nach vorn drängenden Menschen bekommen haben, als sei keine Freude darüber möglich, dass er seinen weiteren Weg findet. Oder: Es gibt auch zarte Formen von Egoismus, die nicht unerwähnt bleiben sollen: Manchmal vergisst der eine, dass auch der andere in der Beziehung einsam ist. Manchmal vergisst der eine, dass auch der andere sich nichts sehnlicher wünscht als dies: verstanden zu werden. Manchmal vergisst der eine, dass auch der andere Sehnsucht nach der Liebe hat, wie sie einmal war. Manchmal vergisst der eine, dass auch der andere Sehnsucht nach dem Frieden hat, den es einmal gab. Manchmal vergisst der eine, dass auch der andere sich nichts sehnlicher wünscht als dies: den anderen nicht zu verlieren.

Also: Wer ist ein Egoist?

Ein Mensch, der vor allem seine eigenen Interessen im Blick hat, für den das, was andere sich wünschen, gleichgültig ist. Versuchen andere, sich ihm und seinem Vorhaben zu widersetzen, setzt er sich gegen sie durch. Wer seine Kreise stört und sich seinen Wünschen nicht anpasst, den trifft seine Kritik oder seine Aggression. Denn nichts ist für ihn wichtiger als die Befriedigung der eigenen Wünsche. Wer dagegen ihm nicht widerspricht, ihn bestätigt oder lobt, dem schenkt er seine Sympathie. Wer bejaht, was er will, dem ist er wohlgesinnt. (Ich bemerke gerade, wie das Schreiben dieses Abschnittes mir meine gute Laune nimmt.)

Wenn sich sein Gewissen meldet und ihm signalisiert, dass das, was er denkt und tut, egoistisch sei, sucht er nach plausibel klingenden „Erklärungen“ für sein Handeln oder glaubt sich zu dem banalen Glaubenssatz hoch, dass man in dieser Welt nun einmal nur bestehen könne, wenn man sich durchsetze. Das sei nun mal der Welt Verlauf.

Ist der Egoist frei? Er tut doch, was er will.

Vordergründig ja. Denn vieles, wonach andere sich nur sehnen, hat er in Fülle. *Hintergründig*, aus der Sicht der Seele, zeigt sich ein anderes Bild. Denn die Seele verlangt die Beachtung bestimmter Spielregeln. Und dazu gehört die Einhaltung der Balance zwischen Selbstachtung und Achtung anderer, Selbstliebe und Liebe zur Mitwelt, Wahrung der Individualität und Beachtung dessen, was die Gemeinschaft mit Recht von uns erwartet. Je mehr der Egoist nur auf das sieht, was *er* will und was *ihm* nützlich ist, desto mehr entfernt er sich von seiner Mitwelt und desto sicherer verliert er seine Mitte und damit den Zugang zu sich selbst und zu seinen schönsten Gefühlen: zur Freiheit und zur Liebe – und das, ohne es vielleicht zu merken.

47. Wie man lernen kann, weniger egoistisch zu sein

Darf ich Sie fragen, was Ihnen angesichts dieser neuen Überschrift durch den Sinn geht? In mir wird eine feine Sehnsucht wach, ein stärker werdender Wunsch, mehr und mehr über den eigenen Horizont hinausblicken zu können. Ein warmes Gefühl, anderen gut sein zu wollen. Ein Gefühl des Entlastetseins, des Befreitseins. Ja, auch eine gewisse Lust, so werden zu können, nämlich frei und fähig, den Mittelpunktplatz gern an andere abtreten zu können. Wie kann man das lernen? Fünf Antworten sind mir dazu eingefallen:

1. Wer den Wunsch hat, weniger egoistisch, also freier und liebevoller zu sein, kommt nur zum Ziel, wenn er das, was er seinen Wunsch nennt, *wirklich will*. Wirklich wollen, das bedeutet:

- Nicht zuerst fragen, ob ich „das" kann, nicht zuerst darauf sehen, was schwierig, sondern was *möglich* ist, nur auf das eine *Ziel* sehen.
- Mich so weit wie möglich in dieses eine Ziel *hineindenken, einfühlen, einleben* – um dieses einen Zieles willen auf vieles andere, weniger wichtige *verzichten.*
- Sein *ganzes* Herz, seine *ganze* Seele, seinen *ganzen* Körper auf dieses eine Ziel ausrichten.
- Sich von niemandem auf der Welt von diesem einen Ziel abbringen lassen.

2. Wer allen Ernstes den Wunsch hat, weniger egoistisch zu sein, wer tatsächlich die Bereitschaft hat, nicht nur auf sich zu sehen, sondern auch auf andere, sollte sich dieser zwar herben, aber nützlichen Kur unterziehen:

Er sollte auf die Länge seiner Jahre zurückschauen und sich fragen: *Worin bin ich bisher zu egoistisch gewesen?* Wer sich eine solche selbstkritische Bilanz erlaubt, wird staunen, wie stark er sich an das gewöhnt hat, was er vielleicht gar nicht wollte. Sinn dieser „Kur" ist die gründliche *Bewusstmachung* des Problems.

Nein, es geht nicht darum, angesichts der aufscheinenden Erinnerungen traurig, erschüttert oder zerknirscht zu *bleiben*. Denn wer sich immer wieder Selbstvorwürfe macht, kreist wieder nur um *sich selbst* und um das, was ihm *fehlt*. Deshalb erscheint mir die folgende Ergänzung nicht unwichtig:

So merkwürdig es klingt: Manche, die unter Selbstvorwürfen leiden, lassen ihren Ankläger nicht los – in der skurrilen Annahme, dass sie ihre Würde behalten, wenn sie sich selbst anklagen. Unter diesem Staatsanwalt leiden nicht wenige. Besonders dann, wenn jemand versagt, scheitert und schuldig geworden ist, erhebt er seine Stimme: hart und streng oder weinerlich-vorwurfsvoll – und versauert dem „Angeklagten" sein Dasein.

Woher kommt diese Stimme in uns? Sie ist der verdichtete Chor jener Stimmen, die sich im Laufe der Jugend und auch der späteren Jahre in der Seele eingenistet haben. Das sind Stimmen von Menschen früherer Zeit, die von Freiheit und Liebe und Leben wenig wussten. Und während ich diese Sätze sage, kommt er mir wieder – dieser so befreiende Satz Jörg Zinks aus seinem kleinen Buch „Atem der Freiheit": „Niemand hat sich sein Schicksal ausgesucht, sein Wesen, seine Schwächen, seine Neurose oder seinen brüchigen Charakter und all seine Gespaltenheit. Niemand hat sich die Grenzen seiner Kraft selbst verordnet. Wir erleiden alle ein Leben, das uns ein anderer bereitet hat, und es hat keinen Sinn, dass wir uns selbst oder einander die Schuld daran aufbürden."[26]

---

26 Vom Leben im Offenen. Textauswahl von Hildegund Wöller, Stuttgart und Zürich o. J., S. 59

Daher darf und muss das sein: Sich selbst zu verzeihen, wenn es denn nicht möglich ist, Gott um Verzeihung zu bitten. Wer verzeiht, sieht hin auf das, was war. Aber er lässt nicht zu, dass die Erschütterung über die Gegenwart hinaus auch die Zukunft bestimmt.

Und wie verzeiht man sich? Den Schmerz oder die Erschütterung zulassen über das, was war – und auch die Reue –, sich vor den bekannten „Wahrheiten" nicht verschließen und sich vornehmen, nein: den Entschluss fassen, sich fortan anders als bisher zu verhalten. Wenn man in Wertimaginationen die Inneren Verzeihenden kommen lässt, zeigen sie sich ernst und gütig und deuten damit an, dass sie den Ernst dessen, worum es geht, nicht übersehen, zugleich aber zu verstehen geben, dass „das Leben" – Sie können dafür auch Gott einsetzen – Gnade kennt.

3. Weniger egoistisch werden, das ist auch dadurch möglich, dass wir die „Wölfe" in den Kellern unserer Seele beim Namen nennen, zum Beispiel die zerstörerische Aggression, die zähe Angst vor dem Leben, den gelben Neid, die wabernde Feigheit, die erdrückende Maßlosigkeit etc. – und andererseits die „Engel" in den Kellern der Seele suchen – also die Liebe, die Freiheit, die Freude und all die anderen starken Gefühlskräfte, damit sie endlich leben können. Denn wer sich seiner Wölfe und seiner Engel bewusst ist, weiß mit ihnen umzugehen.

4. Sich Zeit nehmen für die Frage: *Wie möchte ich sein?* Vielleicht geduldig oder liebevoll oder wahrhaftig oder authentisch oder engagiert oder mutig oder heiter oder verantwortungsvoll oder – am besten alles zusammen. Ich staune darüber, wie wenige Menschen über diese Frage nachdenken. Dabei gibt es wenige Fragen, die wichtiger sind als diese. Warum?
Weil davon die *Richtung* unseres Lebens abhängt.
Weil nur der weiterkommt, der weiß, wohin er will.
Weil davon abhängt, was die Hauptsache im Leben sein soll.

Weil davon abhängt, welchen Sinn ich in meinem Leben finde.
Weil davon abhängt, welche Stärke ich primär entwickle.
Weil davon abhängt, welche Klarheit ich mir erlaube.

5. Wenn wir den Soziologen und Psychologen glauben dürfen, ist die gefühlsmäßige Verarmung auf dem Vormarsch. Die *Ursehnsucht nach Liebe*, die bereits jeder Säugling mit auf die Welt bringt, wird immer weniger erfüllt. Deshalb gibt es ohne Liebe kein wirkliches Leben. Das gilt auch für den Egoisten.

Auch er hat, wenn vielleicht nur im Verborgenen, eine Ahnung von dem, was er am meisten braucht. Denn die Liebe ist neben der Freiheit nicht nur der menschlichste, sondern auch der kraftvollste Wert. Deshalb wird jener, der dieses Gefühl leben lässt, an Leib, Seele und Geist gesunden. Übrigens: Das gehört zu den schönsten Erfahrungen: Mitzuerleben, wenn ein strammer Egoist die Erfahrung macht, wie es ist, dieses stärkste aller Gefühle zu leben.

48. In der Balance leben

„Leben wächst nur dann, wenn es geteilt wird – von Anfang an als Zellen im Mutterleib. Später erfüllt jedes einzelne Organ im Körper seine spezifische Aufgabe, aber es muss im Zusammenspiel mit den anderen Organen harmonieren, sonst wird der Mensch krank."[27] Dieses Lebensgesetz gilt keineswegs nur für den Körper, sondern auch für die Seele. Denn wann immer sich ein Mensch freut oder glücklich ist, ob er trauert oder enttäuscht ist – er „muss" seine Gefühle teilen. Denn er braucht Zeugen sowohl für sein Glück als auch für sein Unglück. Daher ist der Mensch, der auf sich selbst *und* auf andere sieht, der sich selbst nicht zu kurz kommen lässt, aber auch den anderen im Blick hat, jemand, der den Ansprüchen der eigenen Seele entgegenkommt. Und das befriedigt sie ganz ungemein.

Die ideale Balance in der Wahrnehmung sich selbst und anderen gegenüber sieht Hermann Hesse in nicht zu übertreffender Weise in dem wohl berühmtesten aller biblischen Sätze dargestellt: Wenn man die Sprüche des Neuen Testaments nicht als Gebote nehme, sondern als Äußerungen eines ungewöhnlich tiefen Wissens um die Geheimnisse unserer Seele, dann sei das weiseste Wort, das je gesprochen wurde, der kurze Inbegriff aller Lebenskunst und Glückslehre, jenes Wort „Liebe deinen Nächsten wie dich selbst." Hesse fährt fort: „Man kann den Nächsten weniger lieben als sich selbst – dann ist man der Egoist, der Raffer, der Kapitalist, der Bourgeois, und man kann zwar Geld und Macht sammeln, aber kein recht frohes Herz haben, und die

27 Himmlisch leben. 100 Klosterweisheiten für den Alltag, München 2005, S. 65

feinsten und schmackhaftesten Freuden der Seele sind einem verschlossen. Oder man kann den Nächsten mehr lieben als sich selbst – dann ist man ein armer Teufel, voll von Minderwertigkeitsgefühlen, voll Verlangen, alles zu lieben, und doch voll von Rankühne und Plagerei gegen sich selber und lebt in einer Hölle, die man sich selber täglich heizt. Dagegen das *Gleichgewicht* der Liebe, das Liebenkönnen ... diese Liebe zu sich selbst, die doch niemandem gestohlen ist, diese Liebe zum anderen, die das eigene Ich doch nicht verkürzt oder vergewaltigt: Das Geheimnis alles Glücks, aller Seligkeit ist in diesem Wort enthalten."[28]

Aller Erfahrung nach sind Menschen, die in der Balance leben, auch solche, die sich ihrer Schwächen bewusst sind. Sie haben ein feines Gespür dafür, dass sie nicht stärker sind als das Leben selbst, dass vielmehr das *Leben* stärker ist als sie, was zur Folge hat, dass sie sensibler und einfühlsamer sind. Dass sie das Leben nicht meistern wollen, indem sie sich ihm gegenüber rigoros durchsetzen, sondern so, dass sie es *zulassen*, wie es nun einmal kommt und sich von ihm tragen lassen wie ein Wellenreiter von seiner Welle. Eine Erzählung, die ich irgendwann einmal gefunden habe, kann deutlicher als meine Worte sagen, was ich meine:

An einem Fluss stand eine schöne große Eiche. Sie war stolz auf ihre Stärke. Doch als eines Tages ein grausamer Sturm über das Land tobte, konnte selbst sie seiner Kraft nicht widerstehen. Ihre Wurzeln wurden aus der Erde gerissen. Ihr mächtiger Stamm fiel über den Fluss ins Schilfrohr.
Als sie begriffen hatte, was geschehen war, sah sie erstaunt die scheinbar zerbrechlichen Halme des Schilfrohrs, die zwar vom Sturm gebogen, doch nicht geknickt worden waren. Auf diese Merkwürdigkeit angesprochen, antwortete das Schilfrohr und

---

28 Zitiert nach Nachtgedanken. Späte Einsichten mit Hans-Joachim Kulenkampff, München und Berlin 1988, 3. Aufl., S. 50

wiegte sich nachdenklich im nachlassenden Wind: „Du hast mit dem Sturm gekämpft und wusstest doch, dass er der Stärkere war. Wir haben nicht mit ihm gekämpft, weil wir wussten, dass wir schwächer sind als er. So konnte er uns streifen, verletzen aber konnte er uns nicht."

49. Freiheit im Alter

Ich habe viel mit alten Menschen zu tun gehabt, die mir zeigten, wie Leben gehen kann, auch im Alter. Während ich hier schreibe, denke ich vor allem an sie, die kleine alte Frau mit 80 Jahren, deren Namen ich vergessen habe: an ihre blitzenden Augen und den gütigen Charme auf ihrem Gesicht, an ihre trotzige Ehrlichkeit und ihre befreiende Bescheidenheit, an ihren Wissensdurst und die fast waghalsige Lust, mit der sie Klarheit in ihr Leben brachte. Sie hörte nicht auf zu wachsen, sich auszuformen, auszurunden, immer freier zu werden. Und nun kommt mir auch ihr Tanz im großen Park in Erinnerung – scheinbar unbemerkt –, dieser Tanz mit dem Wind und der Freude, mit der Leichtigkeit und dem Leben. Von ihr hätten die Zeilen Andrea Schwarz' stammen können:

Manchmal
wenn ich so ganz verrückte Sachen
denke und dann auch noch tue

ahne ich
dass Jungsein
keine Frage
des Alters ist

und das beruhigt mich
irgendwie[29]

---

29 Andrea Schwarz, „Manchmal ...", aus: Andrea Schwarz, Bunter Faden Zärtlichkeit © Verlag Herder GmbH, Freiburg i. Br., Neuausgabe 2006, S. 106

Unser Leben gleicht den Jahreszeiten: die Jugend dem Frühling, die Mitte dem Sommer, die späten Jahre dem Herbst, das Alter dem Winter. Diese Zeiten, im Jahr und auch im Leben, sind untrennbar miteinander verbunden, bilden eine Einheit, gehören zusammen.

Doch das ist wahr: Die Übergänge von einer Zeit zur anderen sind manchmal wie hohe schmale Brücken. Die Winde werden härter, die Tritte sind weniger sicher, vor allem bei dem Übergang ins Land der längeren Schatten. Da ist Trauer und Schmerz um das verlassene Land, und da ist Angst vor dem, was aussieht wie ein Abstieg von den Gipfeln. Dann die Fragen: Werde ich überflüssig sein? Werde ich noch gebraucht? Werde ich vom Leben abgeschnitten sein? Erkennt man mich noch? Wie werde ich sein, wenn mich die Kräfte verlassen?

Offen für eine neue Zeit, auch für das Alter, ist allerdings nur der, der Abschied nehmen kann von dem, was war. Der loslässt von dem Alten und sich einlässt auf das Neue. Wie kann das gehen? So, dass er, der alternde Mensch, noch einmal die früheren Zeiten durchwandert und sich an das *erinnert*, an das Helle gewiss, doch an das Dunkle auch und den *Zusammenhang* in den Jahreszeiten seines Lebens sucht. Und wenn er ihn findet, wird er erfahren, dass etwas *in ihm selbst* zusammenkommt.

Wir können das Leben auch als Reise sehen. Ihr Sinn liegt ja in beidem: im *Weg*, den wir gehen, und auch im *Ziel*, das wir erreichen wollen. Sinnvoll ist nur der Weg, auf dem wir uns nicht nach den alten Straßen sehnen, auf dem wir ständig Ausschau halten nach dem, was anders ist und neu. Doch darum geht es auch, dass wir auf unserer Reise nicht allein äußerlich, sondern auch innerlich zum Ziel gelangen: uns zu vollenden. Dass wir als Menschen mehr noch als bisher das Menschliche in uns zum Vorschein kommen lassen, aus uns heraus leben und ins Leben bringen: das Liebevolle, auch das Starke, die heitere Nüchternheit und auch die Weisheit, die Lust auf das Leben, vor allem aber die

Freiheit. Dass wir das Menschliche in uns vollenden, so gut es geht, so weit es reicht.

Ob wir noch lieben können im Alter? Auf diese Frage habe ich gewartet. Zunächst einmal: Wir haben Angst vor dem, was wir nicht kennen, und Freiheit gegenüber dem, was uns vertraut ist. Wir geraten in Spannung, wenn wir uns nicht ansehen, was uns bedroht, und werden gelassen, wenn es uns vertraut geworden ist. Und nun die Antwort:

Ein Mensch bleibt Mensch, solange er lebt. Und Menschsein heißt vor allem dieses: lieben können, mit Haut und Haar, mit Leib und Seele. Ob denn nicht doch alles anders wird: das Lieben und die Freude, der Genuss und auch die Lust? Vieles wird wohl anders sein, nicht aber weniger tief – jedenfalls für den, der das beherzigt: *Alles, was kommt, nicht wegzudenken, nicht wegzufühlen, nicht wegzuleben, sondern sein zu lassen, anzunehmen, aufzunehmen.*

Der berühmte Cellist Pablo Casals sagte einmal – er war bereits 93 Jahre alt –, Alter sei etwas Relatives. Wenn jemand weiter arbeite und für die Schönheit der Welt empfänglich bleibe, dann entdecke man, dass Alter nicht notwendigerweise Altern bedeute, jedenfalls nicht im landläufigen Sinne. Er selbst empfinde in seiner Zeit viele Dinge intensiver als je zuvor und das Leben fasziniere ihn immer mehr.

Ein anderer Großer, Albert Schweitzer, sagte sinngemäß Ähnliches: „Mit den Jahren runzelt die Haut, mit dem Verzicht auf Begeisterung aber runzelt die Seele. Sorgen, Zweifel, Mangel an Selbstvertrauen, Angst und Hoffnungslosigkeit – das sind die langen Jahre, die das Haupt zur Erde ziehen und den aufrechten Gang in den Staub beugen.“[30]

Wenn Leben eine Reise ist, so denke ich, und die Reise auf ein Ziel hinführt, dann wird das Ende dieser Reise immer faszi-

30 Zitiert nach Adalbert Ludwig Balling: Das kleine Sonntagsbuch. 52 Wünsche für ein gutes Jahr, Freiburg i. Br. 2006, S. 142 f.

nierender werden, weil beides klarer wird als je zuvor: der lange Weg zum Ziel – und schließlich das Ziel selbst.

50. Bedenken, dass Leben begrenzt ist

Gibt es noch etwas, was uns motivieren könnte, freier als bisher werden zu können?

Ja, die gefühlte Erkenntnis, dass Leben in dieser Welt endlich ist. Was ich damit sagen will? Dass es wichtig ist zu begreifen, was wohl wäre, wenn wir am Ende unserer Lebenszeit nicht das Maß an Freiheit gelebt hätten, wozu wir in der Lage gewesen wären –, wenn uns aufginge, dass wir, weil wir unfrei waren, zu wenig geliebt, gehofft, geglaubt, gelebt hätten –, dass das Depressive, das Ängstliche, das Resignierende die Oberhand gehabt und behalten hätte –, wenn uns aufginge, dass wir viel zu sehr auf unsere Grenzen gestarrt und viel zu wenig unsere freien Räume genossen hätten?

Ist denn etwa ein freieres Leben auch dann noch möglich, wenn man schon lange unfrei war, wenn man zum Beispiel seelisch nicht gesund ist und gerade deshalb an seiner Unfreiheit leidet?

Ja! Denn keine Depression, keine Angst, keine Sucht, kein Zwang, keine Psychose, keine seelische Störung füllt einen Menschen ganz aus. Jedenfalls gilt, dass Leben auch für seelisch Leidende nicht so fade oder traurig oder gebremst oder unfrei weitergehen muss, dass sich die dunklen Nebel aus dem Gemüt mehr und mehr zurückziehen können, wenn sich der jedem Menschen eigene Raum der Freiheit zu öffnen beginnt. Und was für seelisch Kranke gilt, gilt nicht weniger für jene, die zwar keine seelischen Störungen haben, aber nicht zu dem gewünschten Leben gelangt sind. Es ist nie zu spät, um freier zu sein. Auf welchen Wegen?

- Dadurch, dass ich mir eingestehe, worin meine Unfreiheiten bestehen und sie beim Namen nenne.
- Dadurch, dass ich die Sehnsucht zulasse, worin ich freier als bisher sein möchte und auch die Wünsche beim Namen nenne.
- Dadurch, dass ich die Wünsche zu Magneten werden lasse, indem ich mich in sie hineindenke, einfühle, einlebe.
- Dadurch, dass ich mir immer wieder vergegenwärtige, dass ich mich – weil Freiheit kein Trieb ist! – auf sie mit Leib, Seele und Geist ausrichten muss.
- Dadurch, dass ich mir einen Freund/eine Freundin suche, mit dem/der ich meine Fortschritte und Widerstände besprechen kann.
- Dadurch, dass ich ab heute beginne, den einen oder anderen Wunsch, der nicht zu hohe Ansprüche an mich stellt, verwirkliche.
- Dadurch, dass ich mir vergegenwärtige, dass jedes Ausweichen Verlust von Lebenskraft bedeutet, und jedes Nichtausweichen Zuwachs an Lebenskraft.
- Dadurch, dass ich fortan an jedem Abend notiere, an welcher Stelle ich heute freier hätte sein können, damit ich immer sensibler werde für die Unfreiheiten, die ich nicht hätte zulassen müssen.
- Dadurch, dass ich mir vergegenwärtige, dass das, worum es hier geht, kein „Psychospiel" ist, sondern die Wende zu einem gehaltvolleren Leben sein kann.

Freier werden – immer freier werden. Warum? Weil es möglich ist. Weil es dem Wesen des Menschen entspricht. Weil es Sinn macht. Weil es liebesfähig macht. Weil durch Freiheit das Leben tiefer, weiter – glücklicher wird.

Bedenken, dass Leben begrenzt ist. Was aber wird sein, wenn Sterben und Tod sich nähern? Wenn nicht gekannte Ängste heraufziehen, weil Sterben und Tod so fremd sind? Wenn mir bewusst wird, dass ich diese Welt, mein Leben, das, was ich liebe, jene, die ich liebe, verlassen muss? Wenn ich nicht weiß, ob und wie ich das Sterben aushalten kann? Wie das ist, wenn ich dem Dunkelsten aller Dunkelheiten, dem Tod, begegne? Ist auch dann noch Freiheit möglich?

Das wird davon abhängen, wie ich mein bisheriges Leben verbracht habe. Je freier ich „im“ Leben war, desto freier werde ich auch in meinen letzten Tagen sein.

Was bedeutet das?

Solange ein Mensch noch bei Bewusstsein ist, kann er denken und fühlen. Solange er denken und fühlen kann, hält ihn sein Geist lebendig. Solange ihn sein Geist lebendig hält, bleibt ihm ein gewisses Maß an Freiheit und Verantwortlichkeit. So kann er sich *verzweifelten* Gedanken und Gefühlen hingeben – oder *tröstenden*. Er kann sich weiter in seinen *Hass* auf das Leben einhassen – er kann sich auch nach *versöhnlichen Gedanken* ausstrecken. Solange er sich seiner selbst bewusst und in gewisser Weise frei ist, kann er sich *weigern* – und das gilt selbst für seine letzten Stunden –, ein Versagen einzugestehen. Er kann sich auch dazu entschließen, endlich *zu dem zu stehen*, was ihm vielleicht ein halbes Leben oder länger auf der Seele gelegen hat. Und schließlich: Er ist auch in gewisser Weise frei, seine Augen ganz weit zu öffnen, um jene ihm vom Himmel geschickten inneren Bilder des Friedens in sich aufzunehmen – er kann sie aber auch unwirsch beiseitewischen.

Freiheit wartet auf uns, solange wir leben, weil Freiheit neben der Liebe das Menschlichste im Menschen ist.

51. Fest an etwas glauben

Manchmal gilt es, fest an etwas zu glauben, auch wenn der Augenschein dagegen spricht. Woran? Daran, dass das wichtige Gespräch am Morgen gut verlaufen, dass der Tag trotz der schlaflosen Nacht gelingen wird, dass der Abend mit schwierigen Gästen sehr heiter werden kann. Dass die Krankheit keine zum Tode, sondern eine zum vertieften Leben sein wird. Dass auch diese Zeit trotz der Irrungen und Wirrungen eine Zeit zum Leben ist.

Glauben bedeutet in diesem Zusammenhang die Fähigkeit zu entwickeln, die Kugel der Hoffnung über den Fluss zu werfen, sodass sich eine Brücke bildet zwischen Wunsch und Wirklichkeit, die unsichtbar zwar und schmal sein kann, doch sicher genug, um sie passieren zu können …

Wovon dieser Glaube lebt?

Vom Widerstand gegen sich verknotetes Leben. Vom heißen Wunsch nach Gelingen – dem Leben, von der Erfahrung, dass der Glaube Berge versetzen kann. Dieser Glaube lebt in jedem, der Hoffnung nicht nur mal probiert.

Übrigens: Es ist besser, an etwas zu glauben und dann ernüchtert zu werden, als gar nicht geglaubt zu haben. Wer nicht zu glauben wagt, gleicht dem, der seiner großen Liebe begegnet, doch aus Angst, sie irgendwann verlieren zu können, sie heute schon verlässt. Der die Tore der Freiheit vor sich sieht, doch aus Angst vor dem Schwindel der Freiheit sich ängstlich in gesicherte, doch graue Zonen zurückzieht. Auf diese und andere Kostbarkeiten des Lebens (Juwelen) willst du, Mensch, verzichten, nur weil du befürchtest, eines fernen Tages von einer verlorenen Zeit reden zu müssen? Wer fest an etwas Bestimmtes glaubt, vor dem flieht auch die Angst. Und wer die Angst verliert, gewinnt auch Zugang zu den *Kräften der Tiefe*.

Fest an etwas glauben? In seinem Buch „Prognose Hoffnung“ erzählt der Arzt Bernie Siegel, Soldaten der alliierten Truppen hätten am Ende des Zweiten Weltkrieges in einem verlassenen ausgebombten Haus in Deutschland einen Satz gefunden, den ein Holocaust-Opfer in die Wand des Kellers geritzt habe:

Ich glaube an die Sonne – auch wenn sie nicht scheint;
Ich glaube an die Liebe – auch wenn sie nicht gezeigt wird;
Ich glaube an Gott – auch wenn er nicht spricht.[31]

31 Bernie Siegel, Prognose Hoffnung, Berlin 2008, 6. Aufl., S. 237

52. In Gott die Freiheit finden

Ich bekenne Ihnen, liebe Leserinnen und Leser, dass ich neben mehreren Unfreiheiten an einer bestimmten leide. Ich bin beschämt, dass ich mich ihr gegenüber nicht genügend zur Wehr gesetzt habe. Denn wie um alles in der Welt kann ich nach außen so tun, als gebe es nicht das, was mir so sehr am Herzen liegt? Das, worum es geht, will und werde ich ändern, zumal die Unfreiheit, von der ich spreche, keineswegs unüberwindbar ist. Sie hat auch nichts mit Notwendigkeit zu tun, sondern – und das bekenne ich frei – mit Mangel an Mut, mich zu dem zu bekennen, was mir – außer meiner Frau und meinen Kindern – wichtiger ist als alles andere.

Ich spreche von meiner Beziehung zu Gott. Dabei bin ich in vielen anderen Lebensbereichen gerade durch meinen Glauben an Gott freier geworden als manch anderer. Ich habe immer weniger Angst vor dem Urteil anderer Menschen. Ich habe kaum Angst, dass mir das Leben unverhoffte Streiche spielen könnte. Ich habe die starke Hoffnung, dass Schwierigkeiten sich nicht festsetzen, sondern sich zum Guten wenden. Ich bin zuversichtlich, dass mir mein Gefühl für Sinn nicht abhandenkommen wird. Meine Angst vor Sterben und Tod hält sich in Grenzen. Ich lasse auch wegen meines Lebensunterhaltes wenige Sorgen zu. Dass mein Herz immer weiter wird für Menschen und für das Leben, hat ganz gewiss mit dieser Beziehung zu tun. Dieses und vieles andere mehr resultiert aus meiner Gewissheit, dass Gott mein Leben trägt, begleitet und mich in meiner Freiheit leitet.

Was meine ich, wenn ich von Gott spreche und der Freiheit, die ich durch meine Beziehung zu ihm gewonnen habe?

Ein gelehrter Mann suchte einst einen Rabbi auf, um ihm die Flausen seines Glaubens auszureden. Als er sich dem Haus näherte, hörte er ein sonderbares, sehr intensives Murmeln, das ihn aufhorchen ließ. Als er ins Wohnzimmer eintrat, blieb er betroffen stehen, denn das Gesicht des Rabbis zeigte einen solch ungewöhnlich tiefen Ernst, dass ihm die Knie weich wurden. Mit tiefem Ernst murmelte er, der seinen Besucher noch immer nicht wahrgenommen hatte, unaufhörlich einen Satz: „Vielleicht aber ist es wahr. Vielleicht aber ist es wahr." Was der Rabbi meinte, war dem gelehrten Mann rasch klar. Es ging darum, ob Gott sei oder nicht. Daraufhin bot der Gelehrte seine ganze intellektuelle Kraft auf, um dem Rabbi seinen Glauben an Gott auszureden. Doch dessen tiefernstes Wort „Vielleicht aber ist es wahr" zog durch die kalten Fassaden seines Verstandes hindurch und brach schließlich dessen Widerstand.

Und wenn „es" wahr wäre? Wenn Gott wäre? Wenn Gott der Grund auch der Freiheit wäre? „Es gibt natürlich keinen Gott", sagte einmal der Sozialistenführer August Bebel, „doch wenn es einen gibt, dann sind wir die Lackierten ..." „Gott", so hat es Martin Buber einmal gesagt, „ist das beladenste aller Menschenworte. Keines ist so besudelt, so zerfetzt worden. Aber gerade deshalb darf ich darauf nicht verzichten."

Wer ist dieser Gott?

Ich meine mit „Gott" nicht ein blässliches Weltprinzip, nicht ein „irgendwie Göttliches", eine bloß spirituelle Energie, auch nicht den harmlosen „lieben Gott" und schon gar nicht eine vom Himmel drohende tyrannische Macht, die uns die Hölle verspricht, wenn wir nicht so sind, wie wir sein sollten. Ich meine auch nicht den Gott, der als Lückenbüßer für Notsituationen fungieren soll, der dann ins Spiel kommt, wenn es „mulmig" wird. Den brauchen wir schon lange nicht mehr, weil aller Erfahrung nach viele Menschen in ihrem normalen Leben gut und gerne auch ohne ihn auskommen.

Ich meine mit „Gott", dass in, über und unter unserem Leben eine Energie herrscht, die souverän und gütig und die in ihrem Kern *Person* ist, eine höchst *personhafte Lebendigkeit*, die unser Leben hält und lenkt und wärmt, auch wenn wir von ihr nichts zu wissen meinen und wir sie letztlich nicht verstehen.

Welchen „Gewinn" Sie davon hätten? Gesetzt den Fall, Gott wäre so da, wie ich ihn eben zu beschreiben versucht habe. In welcher Weise nähme er dann Einfluss auf unser Leben?

Mögen Sie einmal die Augen schließen? Mögen Sie sich einmal tief in die Vergangenheit zurückversetzen? Sie erinnern sich an einen Menschen, der Ihnen mehr bedeutete als irgendein anderer: zum Beispiel an den Vater oder die Mutter oder die Großmutter oder den liebenswerten Onkel? Wie war das, als Sie fünf oder sechs Jahre alt waren und sich einem solchen Menschen ganz anvertrauten?

Während ich Sie bitte, sich eine solche Szene wiederkommen zu lassen, stehe ich selbst in meiner Erinnerung als kleiner Junge zwischen den Knien meines Großvaters, lehne mich an ihn, spüre die Wärme, die von ihm ausgeht, höre seine dunkle, wohltönende Stimme und habe nur ein einziges Gefühl, für das ich kaum die richtigen Worte finde, vielleicht diese: *Mehr brauche ich nicht. Hier darf ich sein. Hier bin ich geliebt. Alles ist gut.*

Wer das Glück hat, eine Beziehung zu Gott zu haben, durch die ihm das Gefühl vermittelt wird, alles sei gut, kann sich erlauben, immer wieder einmal alle seelischen Viere von sich zu strecken und dem Lauf seiner Tage zu vertrauen. Er ist – im Grunde und im Getriebe seines Alltags – gelassen und frei. Frei von der Last der Vergangenheit. Frei von der Angst vor Menschen. Frei von der Sorge, ob er für sein Leben ausgesorgt habe. Frei im Blick auf das, was auf ihn zukommt. Denn er weiß, dass – gegen allen Anschein – in und über seinem Leben zu seinen Gunsten Regie geführt wird. Ja, ich bin davon überzeugt, dass die tiefste Quelle der Freiheit in dem waghalsig erscheinenden Vertrauen besteht, sein ganzes Leben auf das Unsichtbare zu setzen, dem wir den Namen Gott gegeben haben.

Ja, es scheint *intellektuell* waghalsig, töricht, ja peinlich zu sein, auf Gott sein ganzes Dasein auszurichten. Noch peinlicher allerdings, den Menschen Jesus von Nazareth als den einzig legitimen Interpreten der Wirklichkeit Gottes verstehen und durch ihn leben zu wollen.

Ach, liebe Leserinnen und Leser, wie viele Jahre habe ich mich durch diesen Gedankendschungel hindurchgequält! Wie viele Zweifel hat mein Kopf erfunden, damit ich mich ja nicht dieser einzigartigen gütigen Lebenskraft anvertrauen sollte! Wie lange hat es gedauert, bis ich das existenziell zu begreifen begann:

Zugang zu diesem Gott bekommen wir nur dann, wenn wir ihn mit unserem ganzen Leben suchen! Mit Verstand, ja – vor allem aber mit Seele und Herz! Im Bewusstsein, ja – vor allem aber in der *inneren* Welt. Das Gleiche gilt ja für alle anderen großen Gefühlskräfte: für die Liebe, die Freiheit, die Hoffnung, den Mut, für alle spezifisch menschlichen Dinge. Alles Große, Wichtige, Hauptsächliche, das nicht sichtbar ist, das aber trotzdem unser Leben bestimmt, finden und begreifen wir nur dann, wenn wir das Wagnis eingehen, ihm zu *vertrauen* und uns darauf *einzulassen*.

Wie es aussieht, den *anderen* Weg zu gehen, hat in bedrückender Klarheit Carl Zuckmayer in seinem Stück „Des Teufels General“ – es wurde später mit Curd Jürgens verfilmt – zum Ausdruck gebracht:

Da fragt der in der Hitlerjugend groß gewordene Leutnant der Luftwaffe, Hartmann, den General: „Glauben Sie an Gott?“ Darauf der General: „Ich weiß es nicht. Er ist mir nicht begegnet. Aber das lag an mir. Ich wollte ihm nicht begegnen. Er hätte mich – vor *Entscheidungen* gestellt, denen ich ausweichen wollte. Ich habe an das *Erdenkbare* und *Erkennbare* geglaubt. An das, was man prüfen, entdecken, finden kann. Aber die größte Findung aller Zeiten habe ich nicht erkannt. Sie heißt Gott ... Ich habe seine Hand nicht ergriffen. Ich habe die andere gewählt."

„Wäre Gott nicht –", sagt Jochen Klepper, der bedeutende Dichter der Dreißigerjahre in den Tagebüchern „Unter dem Schatten deiner Flügel", „ich könnte im Leben nichts Lohnenderes erblicken, als in diesem Irrtum zu leben – er wäre. Dieser Irrtum wäre größer als alle Wahrheiten und Wirklichkeiten."[32]

---

32 Unter dem Schatten deiner Flügel. Aus den Tagebüchern der Jahre 1932–1942, Stuttgart 1956, S. 104

53. Wer ist freier als der Dankbare?

Zu den in dieser Zeit nicht sonderlich attraktiven Werten gehört die Dankbarkeit. Doch ist sie alles andere als eine antiquierte Tugend. Warum nicht?

Dankbarkeit ist Ausdruck von Lebensbejahung. Dankbarkeit ist Folge des Nachdenkens über gehaltvolles, sinnerfülltes Leben. Sie ist Vergegenwärtigung einer guten Zeit und löst deshalb in der Seele freudvolle Gefühle aus. Dankbarkeit ist auch Ausdruck *gefühlter Erkenntnis*, dass vieles, was wir an Erfreulichem erleben, nicht von uns abhängt, sondern von anderen und anderem: von Menschen, von Gott, von besonderen Situationen und bestimmten Zeiten.

Von Dankbarkeit sprechen auch die Märchen. Für sie ist Dankbarkeit eine hervorragende Charaktereigenschaft, weil sie Ausdruck der Wertschätzung von Leben ist. Verständlicherweise sagt deshalb deren Weisheit, dass der Undankbare *am Glück vorbei-*, der Dankbare dagegen *mitten ins Glück hineingeht.*

Wie sieht ein dankbarer Mensch aus?

Heiter, gelassen, warm. Er bejaht Leben. Er hadert nicht mit dem, was war, und ist deshalb mit seiner Vergangenheit ausgesöhnt. Er entwickelt im Lauf der Zeit eine positive Suchhaltung und findet deshalb leicht neue Gründe für Dankbarkeit. Weil er offen ist für das, was ihm begegnet, lebt er gegenwärtig.

Dass ein solcher Mensch sich wenig ärgert, weder über sich noch andere, und sich vom Misslichen wenig beeindrucken lässt, bedarf gewiss keiner besonderen Erwähnung. Er hat ausreichend Kraft, auch die sogenannten „undankbaren“ Dinge gelassen hinzunehmen und sie als integralen Bestandteil des Lebens zu verstehen. Der Dankbare ist mit sich eins. Er ist frei.

Es gibt Menschen, die sich an jedem Abend vergegenwärtigen, was sie während des Tages an Gutem erlebt haben. Dabei denken sie keineswegs nur an große Ereignisse oder Begegnungen, denn die gibt es bekanntlich nicht so häufig. Sie denken eher an Annehmlichkeiten, Freundlichkeiten, Überraschungen, sinnvolle Handlungen, an das, was Grund zur Freude gibt.

Aber, könnten Sie einwenden: Ob solche Menschen nicht zu sehr Kinder der heilen Welt sind? Meiner Erfahrung nach sind viele Dankbare das genaue Gegenteil, nämlich Menschen, die viel Schweres erlebt haben oder noch immer erleben und durch ihre Schwierigkeiten besonders offen geworden sind für das, was ihr Dasein freundlicher macht.

Wofür man danken kann? Für alles, was auf uns zukommt, was uns begegnet, widerfährt und Freude auslöst. Für alles, womit wir nicht gerechnet haben. Für alles, was unsere Tage bereichert. Für alles, was unser Ja zum Leben stärkt, zum Beispiel:

- Für die Begegnung mit dem Freund, den ich schon lange nicht mehr gesehen habe.
- Für den versöhnlichen Brief, den mir jemand schrieb, der sich im Streit von mir trennte.
- Für die alte Frau, die meine Hände nahm und mich mit ihren strahlenden Augen ansah.
- Für die Bewahrung auf der Autobahn, als ich eingenickt war und zum richtigen Zeitpunkt wieder wach wurde, als ich den Lastwagen vor mir sah.
- Für das wunderschöne Violinkonzert, das jemand auflegte, als es mir nicht gut ging.
- Ja, auch dafür – nennen Sie das nicht kitschig! –, dass an jedem Morgen die Sonne wieder aufgeht.
- Für die Kinder, die aufrecht ihren Weg gehen.
- Für die Eltern, die zeigen, dass es tatsächlich die Weisheit des Alters gibt.
- Für das unerwartete, kaum verständliche Verzeihen des Partners/der Partnerin.

- Für die wiedergewonnene Hoffnung nach der langen Zeit der Hoffnungslosigkeit.
- Für die Gesundung nach einer schweren Krankheit.
- Für die durch die Krankheit gewachsene lebensverändernde Erkenntnis.
- Für die stille Stunde, als mir aufging, dass mein Leben in einer großen warmen Hand ruht.

Dankbar sein – wofür noch?

Für unser Leben – für unser Leben!

ANHANG

Von der Existenzanalytischen Logotherapie zur Wertimaginativen Logotherapie

Mein früherer Chef an der theologischen Fakultät der Universität Hamburg, Prof. Dr. Helmut Thielicke, machte mich Anfang der Siebzigerjahre auf Viktor Frankl aufmerksam. Er schlug mir vor, eine Dissertation über die von Frankl entwickelte Logotherapie und Existenzanalyse aus theologischer Sicht zu schreiben. Um nicht nur Frankl zu lesen, sondern ihn auch persönlich kennenzulernen, besuchte ich ihn am 13. Juni 1971 in Wien.

Mein Gastgeber vermittelte mir bald das Gefühl, dass es an diesem Tag für ihn nichts Wichtigeres gab als mich und meine Fragen. (Später bekannte er mir, dass er an diesem Tag unbedingt ein Vorwort zu einer amerikanischen Ausgabe eines Buches hätte schreiben müssen.) So wurde ich existenziell in das eingeführt, was Frankl *„personale Begegnung"* nannte. Er war mir zugewandt und liebevoll. Er hörte in meine Fragen hinein und gab mir ausreichend Antwort. Manchmal schien er sogar die Fragen, die noch hinter meiner Stirnfalte steckten, zu erahnen. Kurzum: Ich war gemeint in diesem Gespräch, und deshalb fühlte ich mich, trotz aller Bewunderung für den berühmten Mann, als ernst genommener Partner. Ich hätte mir auch keine bessere existenzielle Einführung in einen wesentlichen Aspekt seines Sinnverständnisses wünschen können: Sinn wird gefunden angesichts der *„Forderung der Stunde, die an mich ergeht"*, hier und jetzt und in der Tat – und deshalb vergaß er Amerika an diesem Tag.

Was ich von Viktor Frankl gelernt habe, für mich persönlich und meine Arbeit? Das Wichtigste:

Leben abzulehnen ist leicht. Resignation ist vorzeitige Beendigung der Suche nach Hoffnung, nach Sinn, nach neuem Leben, ist kraftlos-trotzige Abwehr und Verweigerung der weiteren Suche nach Gründen für sinnvolles Leben. Wer resigniert, gibt auf: sich selbst, andere, die Welt. Er gibt das Beste auf, was er hat: die Hoffnung auf Voll-Endung des Lebens.

Leben, so wie es ist, anzunehmen und das Beste daraus zu machen ist schwer und leicht zugleich. Doch die Leichtigkeit nimmt in dem Maße zu, in dem ich immer tiefer begreife, was nur blässlichem Denken widersprüchlich erscheint: dass ich und niemand sonst in dieser Welt dafür verantwortlich bin, wie mein Leben verläuft, dass aber auch das große Leben selbst mich dorthin führen kann, wovon mein Geist seit Langem träumt.

Am 1. April 1982 gründete ich – mit ausdrücklicher Zustimmung Frankls – in Hamburg das erste europäische Logotherapie-Institut, das am 31. März 2012 30 Jahre existiert.

Ich bin der Logotherapie treu geblieben und habe gerade deshalb den Satz Frankls, den er gleich zu Beginn seines „Grundrisses der Existenzanalyse und Logotherapie“[33] geschrieben hatte, ernst genommen: seine Methode sei „als Forschungsrichtung ... offen ...: zur Kooperation mit andern Richtungen und zur Evolution ihrer selbst.“ Zu eigenem Forschen ermutigte mich auch ein Brief Frankls vom 20. November 1978, in dem er mir schrieb: „Denn wie Sie wissen, würden Sie auch dann, wenn Sie im Rahmen der Logotherapie andere Wege einschlügen als ich selbst, dazu in meinen Augen das volle Recht haben. Tatsache ist jedoch, dass wir, wann immer wir beide jemals nicht von vornherein ganz gleicher Meinung wären, uns noch immer auf der Ebene vollen gegenseitigen Verständnisses zu einer Übereinstimmung in allen wesentlichen Punkten zusammengefunden haben.“ So entwickelte ich aufgrund eigener Erfahrungen das Franklsche Werk in zwei

33 In: Grundzüge der Neurosenlehre, Band 2, hrsg. von Gustav Bally, Viktor E. Frankl u. a., München, Berlin, Wien 1972, S. 655

Richtungen weiter: zur *Wertorientierten Persönlichkeitsbildung* und zur *Wertimaginativen Logotherapie.*

Was ist Wertorientierte Persönlichkeitsbildung (WOP®)?

Frankl hatte einmal sinngemäß geäußert, man müsse ein Konzept entwickeln, das die Therapie überflüssig mache. Ganz ernst wird er den Satz nicht gemeint haben. Trotzdem habe ich ihn nicht vergessen und ein Konzept entwickelt, das die Therapie selbstverständlich nicht überflüssig macht, doch Lebenshilfen bietet, die die Persönlichkeit stärken und daher in der Lage sind, Leib, Seele und Geist vor Störungen zu schützen.

In zehn Punkten habe ich die Wertorientierte Persönlichkeitsbildung zusammengefasst:

1. Wertorientierte Persönlichkeitsbildung ist ein neuer, *eigenständiger*, dritter Weg neben krankheits- und konfliktorientierter Psychotherapie und Beratung. Sie ist dem Bereich der Erwachsenenbildung zuzuordnen.

2. WOP® ist *Bildungsarbeit an der Persönlichkeit* nicht kranker Menschen. Sie arbeitet an der Weiterbildung *geistiger* Potenziale. Sie ist geistig-emotionale Begleitung *gesunder* Menschen auf dem Weg zu sich und anderem Leben, zum Sinn und zum Grund des Seins. Daher stellt WOP® eine der wesentlichen *Voraussetzungen* für die Prävention seelischer und körperlicher Erkrankungen dar.

3. *WOP®* ist *nicht* Therapie, also keine Krankenbehandlung. Sie ersetzt keine psychotherapeutische und medizinische Behandlung. Sie stellt daher keine Diagnosen, arbeitet nicht an neurotischen Widerständen und vereinbart keine Heilungsziele.

4. Charakteristisch für das *Menschenbild* der WOP® ist ihre Konzentration auf die geistige Dimension mit ihren Aspekten

Wert, Sinn, Freiheit, Verantwortlichkeit und Liebe. Ein weiteres Charakteristikum ist die Betonung des unbewussten Geistes als *Basis* menschlicher Existenz.

5. *Wertleeres* Leben erzeugt Sinnkrisen und, wenn sie andauern, möglicherweise Krankheiten an Körper und Seele. *Wert- und daher erfülltes Leben* ist sinnvolles Leben und darum Grund für *Lebensbejahung* und *Widerstandskraft.*

6. Nicht jedes Leid ist krankhaft zu nennen. Deshalb ist zwischen *krankhafter* und *existenzieller* Problematik zu unterscheiden. Viele Probleme sind Ausdruck von Leiden am *Leben* und werfen daher die wichtigsten *existenziellen* Fragen auf: nach Wert und Sinn, nach Halt im Leben und nach Gott.

7. Für die WOP® ist Problemorientierung nicht unwichtig, wichtiger und entscheidend ist die *Wertorientierung*. Daher sieht sie Menschsein als Herausforderung zur Menschwerdung.

8. Die wichtigsten *Methoden* der WOP® sind die Wertimagination, das wertorientierte Gespräch und das wertorientiert interpretierte Enneagramm. Gemeinsame Grundlage der drei Methoden sind bestimmte Voraussetzungen des unbewussten Geistes.

9. Die *allgemeine* Zielgruppe sind *gesunde* Menschen, die wissen, dass nicht nur der Körper der Pflege bedarf, sondern auch die Seele, dass die Seele keineswegs vom Entspanntsein allein lebt, sondern auch und vor allem von einem lebendigen Geist. Denn die ständig wechselnden Situationen im Leben verlangen immer wieder neue Ein- und Umstellungen und damit ein gesundes Maß an Widerstandskraft.

Die *spezifische* Zielgruppe sind gesunde, jedoch existenziell frustrierte Menschen, die nicht mehr oder nicht mehr genügend Sinn im Leben erfahren. Die bei dieser Zielgruppe auftretenden Probleme sind Lebens- und Sinnkrisen in ihren vielfachen Erscheinungsformen, zum Beispiel Selbstwertproblematik, Sinnzweifel, Krisen des Wachstums, der Lebensmitte, der Lebenswende und des Alters, Erziehungskonflikte, Partnerschafts- und Beziehungsschwierigkeiten, Lebens- und Sterbensangst, Verlust, Trauer, Existenzschuld, irreversibles Schicksal.

10. Weil diese Welt, solange wir leben, kein Paradies werden wird, können wir weder dem äußeren noch dem inneren Spannungsfeld entfliehen. Daher sieht die WOP® eine besondere Aufgabe in der Entwicklung von Widerstandskraft (Resilienz), einer Kraft, die stark genug ist, das Leben nicht nur bestehen, sondern auch gut finden zu können.

Praktiziert wird die Wertorientierte Persönlichkeitsbildung bisher

- in Einzelgesprächen,
- in Selbst- und Sinnerfahrungsgruppen,
- in der „Schule des Lebens“,
- in der Erwachsenenbildung,
- in der Seelsorge,
- in der Personalberatung
- sowie in der Öffentlichkeitsarbeit.

Was ist die Wertimaginative Logotherapie?

Alle Imaginationen basieren auf der assoziativen, sprachlich-dialogischen Tätigkeit unseres Denkens. Das heißt: Im Unbewussten findet ein ständiges Gespräch statt, kein abstraktes, sondern ein *bildhaftes*. Nähern wir uns den inneren Bildern, dann nehmen wir diesen Prozess wahr. Die *Wahrnehmung* und die *Auseinandersetzung* mit ihnen ist die Voraussetzung dafür, auf die Bilder so Einfluss zu nehmen, wie es weder im Traum noch im Gespräch auf der Bewusstseinsebene möglich ist. Denn wenn wir auf sie Einfluss nehmen, beeinflussen beziehungsweise verändern wir die

Gefühle und *Gefühlskräfte*, die durch die Bilder symbolisiert werden – die destruktiven ebenso wie die konstruktiven, die sinnverweigernden ebenso wie die sinnstiftenden.

Die Wertimaginative Logotherapie versteht sich als Weiterentwicklung der klassischen Logotherapie Viktor E. Frankls. Sie verbindet Tiefennoologie und „Höhenpsychologie". Ihr Ziel ist der verdichtete Transfer von Erkenntnis – Gefühl – Handlung, also in gelebtes Leben.

Die Wertimaginative Logotherapie versteht sich darüber hinaus als integraler Bestandteil anderer psychotherapeutischer Systeme und als eigene psychotherapeutische, nämlich logotherapeutische Methode.

1. Anthropologische Voraussetzungen

Geist, Werte, Sinn sind die Säulen der klassischen Logotherapie Viktor E. Frankls. Diese drei Säulen bilden die Grundlage auch der Wertimaginativen Logotherapie. Die Weiterentwicklung konzentriert sich auf die von Frankl begründete Tiefennoologie, seiner bedeutenden Lehre vom „geistig Unbewussten"[34]. Dieser Bereich des Unbewussten ist im besonderen Grund und Ziel wertimaginativer Arbeit.

Hatte Freud das Unbewusste dem Triebhaften gleichgesetzt, so lehrte Frankl die *Unterscheidung* zwischen „triebhaft Unbewusstem" und „geistig Unbewusstem". Diese Unterscheidung hatte tief greifende Folgen – für die Psychotherapie im Allgemeinen, für die Imaginationsarbeit im Besonderen: Hat nämlich der bewusste Geist im unbewussten Geist seinen Grund, dann ist das Wesen des Menschen primär durch seine geistige Emotionalität gekennzeichnet. Diese Form der Emotionalität aber hat „eine unübersehbare *kognitive* Tragweite", deren Bedeutung Frankl in

34 Viktor E. Frankl: Theorie und Therapie der Neurosen, München 1993, 7. Aufl., S. 174

dem berühmten Pascal-Satz zusammengefasst sah: „Das Herz hat seine Gründe, die der Verstand nicht kennt“[35].

Was sich an etwa 30.000 mir bekannt gewordenen Wertimaginationen zeigen lässt: Unbewusster Geist – das ist *nicht nur* unbewusste Freiheit, Verantwortlichkeit, Liebe, Hoffnung –, Mut, Intuition, Gewissen, Spiritualität etc., also „Raum“ und Quelle der geistigen Werte und damit des Sinns. Unbewusster Geist meint *auch nicht nur* das jedem Menschen potenziell zugängliche *Wissen* von Zusammenhängen des eigenen, des sozialen und des universellen Lebens, sondern stellt auch – und das ist von größter Wichtigkeit! – *das stärkste Energiezentrum* dar, zu dem ein Mensch Zugang haben kann. Und hat er Zugang zu diesem Zentrum, dann findet er sich selbst, findet er die ihm entsprechenden Werte, findet er Sinn, findet er vor allem auch die *Kraft*, Werte und Sinn zu leben.

2. Methodik

- Wertimaginationen (WIM®) sind *bewusste* „Wanderungen“ ins *Unbewusste*: vordergründig in dessen *persönlichen* Bereich (lebensgeschichtliche Bilder), hintergründig in den des „*geistig* Unbewussten“ (Wertgestalten, sinnstiftende Bilder).

- Wertimaginationen sind *zielorientiert*. Sie werden von Therapeuten begleitet. Hat der Imaginand hinreichend Erfahrungen, sind selbstständige und/oder Gruppenimaginationen möglich und erwünscht.

- Entscheidend sind nicht die vom Bewusstsein vorgestellten oder eingebildeten, sondern die vom unbewussten Geist *ausgebildeten* Bilder. Sie werden nicht gemacht, sondern *erwartet*. So wird eine manipulative Veränderung von vorgestellten,

---

35 zitiert nach Frankl: Der Mensch vor der Frage nach dem Sinn, München und Zürich 1998, 10. Aufl., S. 64

das heißt tendenziell bewusstseinsnahen Bildern vermieden. Aufgrund der Herausforderung, sich den *ausgebildeten* Bildern zu stellen, ist die Wertimagination für den Patienten/Klienten ein besonders günstiger Weg, sich relativ unabhängig vom Therapeuten entwickeln zu können. Seine Eigenständigkeit wird gefördert, sodass er Verantwortung für sich selbst übernehmen kann.

- Zentrum der Wertimaginationen ist die Beziehung zu den unbewussten (männlichen und weiblichen) transsubjektiven Gestalten, den *Wertgestalten*, die die Selbst- und Sinnverwirklichung fördern. Sie sind personifizierte Symbolisierungen spezifisch humaner Werte und Eigenschaften des unbewussten Geistes, damit zugleich personifizierte Aspekte der Möglichkeit von Identitätsbildung. Sie sind daher die legitimen Interpreten im Bereich der inneren Wirklichkeit.
  Alle spezifisch humanen Werte und Eigenschaften können als Wertgestalten erscheinen. Die wichtigste Gestalt ist die Personifizierung des unbewussten Geistes selbst: der/die Geistvolle. Weitere wichtige Gestalten sind zum Beispiel die Verbündeten (Personifizierung der Lebensbejahung), die Indianer (Personifizierung der Natürlichkeit), die Verantwortlichen, die Wahrheitsfinder, die Sinnfinder, die Spirituellen, die Inneren Ärzte. Ihnen wird in aller Regel von Beginn an die Führung auf den „Wegen“ der Tiefe und die Deutung der bildhaften Abläufe überlassen.
  Erscheinen die Widerstände auf dem Weg zur Selbst- und Sinnerfahrung zu stark, werden sie zuerst – stets unter Begleitung einer entsprechenden Wertgestalt – imaginativ bearbeitet.
  Die Begegnung mit den Wertgestalten, die plastisch und unmittelbar „gesehen“ werden, bewirkt eine höchstmögliche *kognitive, emotionale und energetische* Annäherung an den Wert, den sie symbolisieren. Da die Wertgestalten Urbilder

des unbewussten Geistes sind und dieser die Immanenz transzendiert, ist die Einbeziehung spiritueller Phänomene in die logotherapeutische Arbeit unverzichtbar.
Von den *transsubjektiven* Wertgestalten zu unterscheiden sind die Personifizierungen der *individuellen* Potenziale und Defizite. (Wir unterscheiden also zwischen den *individuellen* personifizierten *Potenzialen* sowie deren personifizierte *Gegenpole* einerseits und den *transsubjektiven* personifizierten *Wertgestalten* und deren *Gegenspieler* andererseits.) Die individuellen Gestalten sind in aller Regel gegenüber den Wertgestalten leichter einstellbar und ermöglichen einen ersten differenzierten Zugang zu den Defiziten und Potenzialen.

- Nicht die Aktionen, sondern die existenzielle *Begegnung* mit den inneren Bildern, nicht das Registrieren, sondern das Anschauen, nicht nur das Erkennen, sondern vor allem das Verstehen der Symbole steht im Vordergrund der wertimaginativen Arbeit.

- Die *Erschließung der Symbolgehalte* vollzieht sich nicht lexikalisch, sondern *phänomenologisch*, so nämlich, dass in der existenziellen Begegnung zwischen dem Imaginanden und den Symbolen diese *sich selbst* aussprechen.

- *Transferimaginationen*, das heißt Wertimaginationen, die den Klienten in konkrete Alltagssituationen führen, sind eine hilfreiche Brücke zwischen der inneren Wirklichkeit und der äußeren Realität.

3. Wirkungen

- Wertimaginationen sind *identitätstiftend*. Der Imaginand vertieft seine Selbsterfahrung und handelt daher in der konkreten Beziehungswelt selbstbewusster, entschiedener, klarer, gemeinschaftsfähiger. Darüber hinaus wird seine Wahrnehmungsfähigkeit gestärkt.

- Wertimaginationen sind *sinnstiftend*. Sie evozieren Freiheit und Verantwortlichkeit (die Bedingungen für Sinnfindung) und ermöglichen Entscheidungskompetenz. Angesichts des steigenden „Werte"-Pluralismus und schwindender verbindlicher Muster für sinnvolle Lebensführung bieten Wertimaginationen wertvolle Orientierungshilfen.

- Wertimaginationen sind *kreativitätsfördernd*. Die Imaginationsfähigkeit des Menschen impliziert seine Fähigkeit, kreativ sein zu können. Im Verlauf imaginativer Prozesse entfaltet sich seine Fantasietätigkeit und damit die Fähigkeit, Problemlösungen zu finden.

- Wertimaginationen sind *heilend*. Die geistig-emotionale Erfahrung der energetisch starken *Wertgestalten*, ihre Führung und Begleitung zu den *Widerständen* und den verabredeten energiegeladenen *Zielen* führt zur körperlich-seelisch-geistigen Neuorientierung.

- Wertimaginationen öffnen den Blick für das *Spirituelle*. Sie begründen eine existenzielle Beziehung zur Transzendenz und vermitteln das Gefühl von Ganzheit.

Literatur

Adalbert Ludwig Balling: Das kleine Sonntagsbuch. 52 Wünsche für ein gutes Jahr, Freiburg i. Br. 2006

Uwe Böschemeyer/Magda Van Cappellen: Bei sich beginnen. 17 Wege zum Glück, Hamburg 2004

Uwe Böschemeyer: Das Leben meint mich. Meditationen für den neuen Tag. Ein Jahrbuch, Hamburg 2007, 4. Aufl.

ders.: Unsere Tiefe ist hell. Wertimagination – ein Schlüssel zur inneren Welt, München 2008, 2. Aufl.

ders.: Worauf es ankommt. Werte als Wegweiser, München 2010, 5. Aufl. (TB)

ders.: Du bist viel mehr. Wie wir werden, was wir sein könnten, Salzburg 2010

Albert Einstein: Mein Weltbild, hrsg. v. Carl Seelig, Stuttgart u. a. 1974

Fontane für Gestresste. Ausgewählt von Otto Drude, Frankfurt a. M./Leipzig 2004

Sigmund Freud: Abriss der Psychoanalyse. Das Unbehagen in der Kultur, Fischer-TB 1972

ders.: Gesammelte Werke, Band X

Erich Fried: Das Nahe suchen, Berlin 1982

ders.: Lebensschatten, Berlin 1983

Gerald Hüther: Was wir sind und was wir sein können, Frankfurt a. M. 2011, 5. Aufl.

Jochen Klepper: Unter dem Schatten deiner Flügel. Aus den Tagebüchern der Jahre 1932–1942, Stuttgart 1956

Erwin Möde (Hrsg.): Das Eugen Biser Lesebuch, Graz/Wien/Köln 1996

Christian Morgenstern: Werke und Briefe, Bd. „Aphorismen“, Stuttgart 1987

Lutz Müller: Suche nach dem Zauberwort. Identität und schöpferisches Leben, Stuttgart 1986

Johannes Pausch/Gert Böhm: Himmlisch leben. 100 Klosterweisheiten für den Alltag, München 2005

Wolfgang Poeplau: Geh durch das Tor zum Leben, illustriert von Conrad Contzen, Freiburg i. Br. 1983

Joseph Ratzinger: Theologische Prinzipienlehre, München 1982

Richard Rohr/Andreas Ebert: Das Enneagramm. Die 9 Gesichter der Seele, München 2005, 41. Pbck.-Aufl.

Andrea Schwarz: Bunter Faden Zärtlichkeit, Freiburg i. Br., Neuausgabe 2006
Bernie Siegel: Prognose Hoffnung, Berlin 2008, 6. Aufl.
Jörg Zink: Atem der Freiheit. Vom Leben im Offenen, Stuttgart/Zürich o. J.

Auswahl der Literatur von Uwe Böschemeyer

Sich selbst bejahen, Hamburg 2002
Die Sprache der Träume, Hamburg 2002
Sinn für mein Leben finden, Hamburg 2002
Die Kraft deiner Gedanken, Hamburg 2002
Das Leben meint uns. 111 Ermutigungen für Paare, TB, München 2003
U. Böschemeyer/M. Van Cappellen: Bei sich beginnen. 17 Wege zum Glück, Hamburg 2004
Das Leben meint mich. Meditationen für den neuen Tag. Ein Jahrbuch, Hamburg 2007, 4. Aufl.
Gottesleuchten. Begegnungen mit dem unbewussten Gott in unserer Seele, München 2007
Unsere Tiefe ist hell. Wertimagination – ein Schlüssel zur inneren Welt, München 2008, 2. Aufl.
Worauf es ankommt. Werte als Wegweiser, München 2010, 5. Aufl. (TB)
Gespräche der inneren Welt, Hamburg 2006 (Books on Demand)
Vertrau der Liebe, die dich trägt. Von der Heilkraft biblischer Bilder, München 2009
Du bist viel mehr. Wie wir werden, was wir sein könnten, Salzburg 2010
Warum es sich zu leben lohnt, Salzburg 2010
Du bist mehr als dein Problem. Uli – eine ungewöhnliche therapeutische Begegnung, München 2010

Informationen

Weiterführende Informationen zur Ausbildung in *Wertorientierter Persönlichkeitsbildung* und *Wertimaginativer Logotherapie* (Hamburg und Salzburg) sowie zu weiteren Veranstaltungsformen erhalten Sie hier:

Hamburger Institut für Existenzanalyse und Logotherapie
Akademie für Wertorientierte Persönlichkeitsbildung
E-Mail: sekretariat@boeschemeyer.de
www.boeschemeyer.de

sowie

Europäische Akademie für Wertorientierte Persönlichkeitsbildung Salzburg
www.boeschemeyer.at

Uwe Böschemeyer im ecowin Verlag:

„DU BIST VIEL MEHR“
216 Seiten, gebunden, 2010

„WARUM ES SICH ZU LEBEN LOHNT“
136 Seiten, gebunden, 2010

Leserinnen/Lesern dieses Buches könnten auch folgende bei uns erschienene Bücher gefallen:

Ursula Grohs/Heike Kossdorff
„UNUMWERFBAR“
288 Seiten, gebunden, 2011

Manfred Stelzig
„WAS DIE SEELE GLÜCKLICH MACHT“
216 Seiten, gebunden, 2009

Burkhard Ellegast
„DER WEG DES RABEN“
232 Seiten, gebunden, 2010

Andreas Salcher
„ICH HABE ES NICHT GEWUSST“
256 Seiten, gebunden, 2012

Markus Hengstschläger
„DIE DURCHSCHNITTSFALLE“
188 Seiten, gebunden, 2012

Reinhard Haller
„(UN)GLÜCK DER SUCHT“
204 Seiten, gebunden, 2007

Kurt Langbein
„RADIESCHEN VON OBEN“
216 Seiten, gebunden, 2012

Michael Kraus (Hg.)
„DIE FREIMAURER“
200 Seiten, gebunden, 2011

Umschlag und Ideen:
kratkys.net

PHILOSOPHIE UND LEIDENSCHAFT

Ecowin wurde 2003 als unabhängiger Verlag gegründet.

Wir konzentrieren uns auf spannende Autoren und spannende Themen, die zu Meinungsvielfalt, Diskurs und gesellschaftlicher Entwicklung wichtige Beiträge leisten.

Als österreichischer Verlag produzieren wir von Beginn an ausschließlich umweltfreundlich in Österreich.

Wir investieren in langfristige Beziehungen mit unseren Autoren, Produzenten und Buchhändlern.

Nichts ist für uns spannender als das nächste neue Buch.

HANNES STEINER
VERLEGER